Backen mit ROSS

Backen mit ROSS

Ross Antony
♥
MEINE
60 LIEBLINGS-
REZEPTE

EMF

EIN BUCH DER
EDITION MICHAEL FISCHER

Inhalt

VERY BRITISH 49

Life is what you bake of it!

Hi, hier ist euer Rossy!

Ich sitze in meinem Kinderzimmer und es ist noch dunkel, aus der Küche höre ich Geräusche... das Klappern von Töpfen, Schüsseln. Wie der Backofen sich öffnet und schließt, das regelmäßige „Wooosh" des Schneebesens. Meine Oma Muffy backt. Gleich wird der süße Geruch meiner Lieblingskuchen durch das ganze Haus ziehen, und wenn ich mich jetzt beeile, darf ich bestimmt den Teig vom Löffel lecken. Es kann nur ein guter Tag werden!

Einen Großteil meiner Kindheit verbrachte ich zusammen mit meiner Mama Vivien und meiner Oma Muffy in der Küche. Beide waren fantastisch darin, Kuchen zu backen. Diese gemeinsame Zeit hat uns immer miteinander verbunden, und daran denke ich noch heute gern. Das Backen hat mein Leben und meine Familie immer begleitet, und der Geruch von einem frisch gebackenen Kuchen katapultiert mich bis heute zurück in meine Kindheit, und dann wird mir ganz warm ums Herz.

Ich habe es schon immer geliebt, für meinen Mann Paul und mich sonntags Scones zu backen, so richtig englisch mit Clotted Cream und Marmelade und natürlich schwarzem Tee mit Milch! Wann immer meine Mama aus England zu Besuch kam, musste sie für mich backen, ich schaute ihr über die Schulter und versuchte, mir so viel wie möglich abzuschauen.

Eines Tages kam der Anruf von meinem Management „Sat.1 hat angerufen, sie hätten dich gern beim großen Promibacken dabei – hast du Lust?" Ob ich Lust habe? Ich bin wie ein Flummi durch mein Haus gesprungen. „Yes! Yes! Yes!" Und was für eine Lust ich hatte! Dass diese Sendung meine Liebe zum Backen nicht nur stärken, sondern ein wahres Backfeuer in mir zum Brennen bringen würde, ahnte ich noch nicht!

Ich bekam ein intensives Coaching und merkte: 5 Stunden in der Backstube stehen? Kein Problem! Eine Torte superaufwendig verzieren: I love it! Mit jeder Stunde Coaching merkte ich: Das ist genau MEIN DING!

Auf einmal backte ich nicht nur Scones und Bananenkuchen, sondern Torten! Eine Einhorntorte? Auf jeden Fall! Eine Hochzeitstorte? Na klar! Orangenkuchen? Mache ich dir! Morgen eine Tarte? Was meinst du?

Die Zeit beim Promibacken war wunderschön, anstrengend, schwierig und lustig und einfach eine Erinnerung, die ich nun nicht mehr missen möchte. Ich habe jeden Tag genossen, egal ob auch mal etwas schiefging. Von Woche zu Woche wuchs meine Liebe zum Backen und bis heute ist es eine große Leidenschaft, mein liebstes Hobby geblieben.

Corona kam, und wir alle mussten zu Hause bleiben. Wie viele von euch habe ich mir die Zeit im Lockdown mit Backen vertrieben. Mir fehlte aber der Kontakt zu euch schrecklich – und schon war „Backen mit Ross" geboren. Zusammen backten wir wochenlang, über das Internet und Social Media verbunden. Nicht immer klappte alles, aber der Austausch mit euch (Was soll ich als nächstes backen? Welche Zutat hat gefehlt, wie sind euch eure Kuchen gelungen?) – all das war eine willkommene Abwechslung in dieser schwierigen Zeit.

Als dann wieder ein Anruf von meinem Management kam – „Ross, ein Verlag möchte gern ein Backbuch mit dir rausbringen!" – war ich völlig aus dem Häuschen. Wenn das meine Oma wüsste! Ich rief gleich meine Mama in England an und ich glaube, da rollte doch die eine oder andere Träne vor Stolz!

Im Laufe der Jahre habe ich viele Rezepte von meiner Familie und Freunden gesammelt und nach Promibacken sogar einige eigene Rezepte kreiert. Denn ich möchte euch nicht nur zeigen, wie man diese Kuchen macht, sondern auch, dass die Briten nicht nur für Fish & Chips bekannt, sondern auch überaus gute Bäcker sind, die es süß lieben. Ob ein Lemon Cream Sponge (Seite 28) oder ein traditioneller englischer Scone (Seite 52), jedes dieser Rezepte erzählt eine wundervolle Story aus meinem Leben. Jeder Kuchen ist für mich ein Stück persönliche Geschichte, und ich kann mich genau daran erinnern, wo ich ihn gebacken habe, und mit wem ich zusammen war, als ich ihn zum ersten Mal probierte. Dabei ging es nicht nur ums Backen, sondern um die gemeinsame Zeit mit meinen Liebsten – wir haben auch immer darüber gesprochen, wie wir die Rezepte verändern müssen oder etwas ganz Neues probieren könnten. Deshalb findet ihr in diesem Buch nicht nur meine liebsten Backrezepte, sondern auch ein paar Einblicke in mein Familien-Fotoalbum – beides ist für mich untrennbar verbunden.

Meine Oma Muffy ist nicht mehr bei uns, aber ihre Rezepte sind nicht mit ihr gestorben. Ich weiß, dass sie sich sehr freuen würde, wenn sie ihre Rezepte, Erfahrungen und Tipps mit vielen anderen teilen könnte, und noch dazu mit Menschen aus einem anderen Land! Was für eine schöne Hommage an sie, und wie besonders für mich und meine Mama, all unsere Erfahrungen in meinem ersten eigenen Backbuch (Ich kann es kaum glauben!) niederzuschreiben.

Backen ist für mich ein bisschen wie Musik, es ist ein kreativer Prozess, der Vorbereitung, Risiko und Emotion erfordert. Es klappt nicht immer, aber die Belohnung, wenn es funktioniert, ist unglaublich! Oftmals sagen Leute zu mir: Meinst du wirklich, ich kann das? Meine Antwort ist: Ja! Mit etwas Übung, vielleicht ein bisschen Hilfe und Beratung kann jeder fantastische Kuchen für sich, seine Familie und seine Freunde zaubern. Schon das Zusammensitzen bei einem selbstgebackenen Kuchen ist ein tolle Erinnerung, die ich jedem wünsche.

So hoffe ich, dass ihr diese Reise mit mir genießen werdet, durch meine Kindheit in England weiter zu meinen Erfahrungen in Deutschland und auch darüber hinaus – immer mit einem besonderen Kuchen auf jedem Schritt des Weges.

Noch einmal Danke an EUCH:
Meine Schnuckies, ihr macht das
alles möglich! Jetzt aber:
Ready, Steady, Bake!

Euer

I bake – what's your super-power?

Fehlt euch die richtige Form?

Nicht jeder hat die gleichen Backformen zu Hause. Ihr möchtet unbedingt ein bestimmtes Rezept nachbacken, habt aber nicht die Form, die in der Anleitung steht? Kein Problem! Mit dieser Tabelle könnt ihr das Rezept ganz einfach auf die Größe der Form umrechnen, die ihr habt.

Backformgröße laut Rezept in Zentimeter

		Rund (Durchmesser)										Rechteckig (Innenmaße)						
		12	16	18	20	22	24	26	28	30	32	11*25	11*30	11*35	26*34	26*38	32*36	34*38
Rund (Durchmesser)	12		0,6	0,4	0,4	0,3	0,3	0,2	0,2	0,2	0,1	0,5	0,4	0,4	0,1	0,1	0,1	0,1
	16	1,8		0,8	0,6	0,5	0,4	0,4	0,3	0,3	0,3	1,0	0,8	0,7	0,2	0,2	0,2	0,2
	18	2,3	1,3		0,8	0,7	0,6	0,5	0,4	0,4	0,3	1,2	1,0	0,9	0,3	0,3	0,2	0,2
	20	2,8	1,6	1,2		0,8	0,7	0,6	0,5	0,4	0,4	1,5	1,2	1,1	0,4	0,3	0,3	0,2
	22	3,4	1,9	1,5	1,2		0,8	0,7	0,6	0,5	0,5	1,8	1,5	1,3	0,4	0,4	0,3	0,3
	24	4,0	2,3	1,8	1,4	1,2		0,9	0,7	0,6	0,6	2,2	1,8	1,5	0,5	0,5	0,4	0,3
	26	4,7	2,6	2,1	1,7	1,4	1,2		0,9	0,8	0,7	2,6	2,1	1,8	0,6	0,5	0,5	0,4
	28	5,4	3,1	2,4	2,0	1,6	1,4	1,2		0,9	0,8	3,0	2,4	2,1	0,7	0,6	0,5	0,5
	30	6,3	3,5	2,8	2,3	1,9	1,6	1,3	1,1		0,9	3,4	2,8	2,4	0,8	0,7	0,6	0,5
	32	7,1	4,0	3,2	2,6	2,1	1,8	1,5	1,3	1,1		3,9	3,2	2,7	0,9	0,8	0,7	0,6
Rechteckig (Innenmaße)	11*25	1,8	1,0	0,8	0,7	0,5	0,5	0,4	0,3	0,3	0,3		0,8	0,7	0,2	0,2	0,2	0,2
	11*30	2,2	1,3	1,0	0,8	0,7	0,6	0,5	0,4	0,4	0,3	1,2		0,8	0,3	0,3	0,2	0,2
	11*35	2,6	1,5	1,2	0,9	0,8	0,7	0,6	0,5	0,4	0,4	1,4	1,2		0,3	0,3	0,3	0,2
	26*34	7,8	4,4	3,5	2,8	2,3	2,0	1,7	1,4	1,3	1,1	4,3	3,5	3,0		0,9	0,8	0,7
	26*38	8,7	4,9	3,9	3,1	2,6	2,2	1,9	1,6	1,4	1,2	4,8	3,9	3,3	1,1		0,9	0,8
	32*36	10,2	5,7	4,5	3,7	3,0	2,5	2,2	1,9	1,6	1,4	5,6	4,6	3,9	1,3	1,2		0,9
	34*38	11,4	6,4	5,1	4,1	3,4	2,9	2,4	2,1	1,8	1,6	6,2	5,1	4,4	1,5	1,3	1,1	

Gewünschte Backformgröße

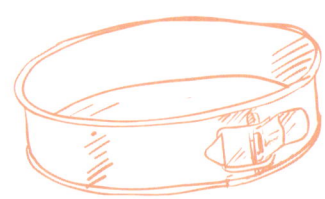

Rezepte

All-
Time-
Favourites

Seite 30

Kalter Kekskuchen

Seite 28

Lemon Cream Sponge

Seite 34

Rhabarber-Crumble

Seite 24

Biskuit mit Vanillepudding

*B*ei uns in England feiern wir gerne schöne Sommerfeste. Für alle Teilnehmer*innen ist das ein tolles Event, denn jede/r möchte unbedingt den leckersten und schönsten Kuchen mitbringen. Ganz wichtig dabei: Der Kuchen muss sofort weg sein! Für uns ist es fast schon eine Schmach, wenn Kuchen übrigbleibt. Einer Freundin meiner Mutter ist das einmal passiert: Bei einem Fest wollte sie etwas Neues ausprobieren und hatte einen ganz exotischen Kuchen dabei. Er wurde von den Leuten aber nicht mal angeschaut. Sie war so traurig darüber! Das gibt es bei meinen Kuchen sicher nicht – mit ihnen findet ihr einfach nur große Fans.

Die Kuchen in diesem Kapitel sind einfach zuzubereiten und für jede Art von Fest geeignet – wenn zum Beispiel jemand Geburtstag hat oder ein Jubiläum feiert, wenn man ein schönes Mitbringsel für eine Sommerparty braucht oder einen lieben Kollegen bei der Arbeit überraschen will ... oder aber eine „Tea Time" ausrichtet! Das ist eine Tradition, die bei uns nie fehlen darf, denn dabei sitzen wir zusammen und reden bei einer Tasse Tee über Gott und die Welt. Ein schönes Stück Kuchen ist dann die Krönung!

♥

Käsesahne
mit Mandarinen

Zutaten
♥

für 1 Springform (Ø 26 cm)

1 Pck. Mürbeteig (Kühlregal; 300 g) • 500 g Quark •
8 Blätter Gelatine • 400 g Sahne • 1 Bio-Zitrone • 150 g Puderzucker •
1 Dose Mandarinen (175 g Abtropfgewicht) • 4 EL Orangenmarmelade •
1 Biskuittortenboden (Fertigprodukt; 250 g)

Außerdem:
1 kleine Bio-Mandarine • 1 TL Puderzucker zum Bestäuben

So geht's

1. Mürbeteig ca. 10 Minuten vor dem Verarbeiten aus dem Kühlschrank nehmen. Ofen auf 180 °C Ober-/Unterhitze (160 °C Umluft) vorheizen. Aus dem Mürbeteig einen Kreis (Ø 26 cm) schneiden und in die mit Backpapier ausgelegte Springform legen. Den Teig im Ofen (Mitte) 20 Minuten goldgelb backen. Inzwischen den Quark in ein feines Sieb geben und etwa 1 Stunde gut abtropfen lassen.

2. Gelatine in kaltem Wasser 10 Minuten einweichen. Sahne steif schlagen. Zitrone heiß waschen, die Schale fein abreiben und den Saft auspressen. Saft und Schale mit Quark und Puderzucker verrühren.

3. Gelatine ausdrücken, in einen kleinen Topf geben und bei schwacher Hitze unter Rühren auflösen. 1 EL der Quarkmasse unter die Gelatine rühren, dann die Mischung unter die Quarkmasse ziehen. Sahne unterheben.

4. Dosen-Mandarinen in einem Sieb abtropfen lassen. Den Mürbeteig mit Orangenmarmelade bestreichen. Den Biskuitboden einmal quer durchschneiden. Die untere Hälfte auf den Mürbeteig legen, mit dem Springformrand umschließen. Etwas von der Quarkmasse auf den Biskuit geben, dann die Mandarinen darauf verteilen und mit restlicher Quarkcreme bedecken. Obere Biskuithälfte auflegen und leicht andrücken. Die Torte mindestens 2 Stunden kalt stellen.

5. Zum Fertigstellen die Torte aus der Form lösen. Die Mandarine heiß waschen und gut abtrocknen. Die Schale mit einem Sparschäler hauchdünn abschälen. Die Schalenstücke dann in feine Streifen schneiden. Die Torte mit Puderzucker bestäuben und mit den Mandarinenzesten garnieren.

Biskuit
mit Vanillepudding

Zutaten
♥

für 1 Obstbodenform (Ø 28 cm)

Für den Boden:

2 Eier • 75 g Zucker • 1 Pck. Vanillezucker •
100 g Mehl • 1 TL Backpulver

Für die Vanillecreme:

1 Pck. Vanillepuddingpulver • 400 ml Milch • 25 g Zucker •
2 Blatt Gelatine • 800 g Erdbeeren • 100 g Sahne

Für den Guss:

1 Pck. ungezuckerter roter Tortenguss • 45 g Zucker

Außerdem:

Butter und Paniermehl für die Form

So geht's

1. Den Ofen auf 200 °C Ober-/Unterhitze (180 °C Umluft) vorheizen.

2. Das Puddingpulver mit 7 EL Milch und Zucker glattrühren, die restliche Milch aufkochen. Puddingpulver einrühren und unter Rühren aufkochen. Den Pudding in eine Schüssel füllen und mit Folie abdecken, etwas abkühlen lassen und dann kalt stellen.

3. Die Form fetten und mit Paniermehl ausstreuen. Die Eier trennen, das Eiweiß steif schlagen. Das Eigelb mit Zucker, Vanillezucker und 1 EL Wasser schaumig schlagen. Mehl und Backpulver mischen, daraufsieben und vermengen, das Eiweiß unterheben. Den Teig in die Form geben und glattstreichen. Im heißen Ofen (Mitte) ca. 20 Minuten backen, dann auf einem Kuchengitter ca. 5 Minuten abkühlen lassen. Aus der Form stürzen und auskühlen lassen.

4. Gelatine in kaltem Wasser 10 Minuten einweichen. Währenddessen die Erdbeeren waschen, putzen und halbieren. Die Sahne steif schlagen. Abgekühlten Pudding glattrühren. Gelatine ausdrücken, in einen kleinen Topf geben und bei schwacher Hitze unter Rühren auflösen. 2 EL Pudding einrühren, dann die Mischung in den übrigen Pudding geben und unterrühren. Sahne unterheben. Die Creme auf dem Biskuit verstreichen und die Erdbeeren darauf verteilen. Den Kuchen ca. 2 Stunden kalt stellen.

5. Tortenguss und Zucker mischen und in einen Topf geben. 250 ml Wasser unter Rühren langsam zugießen, unter ständigem Rühren aufkochen lassen. Heißen Guss mit einem Löffel von der Mitte aus gleichmäßig über die Erdbeeren verteilen. Den Kuchen nochmal ca. 30 Minuten kalt stellen, bis der Guss fest geworden ist.

Erdbeer-Schoko-Torte

für 1 Springform (Ø 26 cm)

Für den Boden:

125 g Butter • 125 g Zucker • 2 Eier • 250 g Mehl • ½ Pck. Backpulver •
75 ml Milch • 100 g Zartbitterschokolade • 40 g gehackte Mandeln

Für den Belag:

250 g Magerquark • 50 g Puderzucker • 250 g Sahne •
300 g Erdbeeren

Außerdem:

Fett und Mehl für die Form

So geht's

1. Den Ofen auf 175 °C Ober-/Unterhitze (155 °C Umluft) vorheizen.

2. Butter und Zucker hellcremig schlagen und die Eier einzeln unterrühren. Mehl und Backpulver mischen und untermengen. Nach und nach die Milch unterrühren. Die Schokolade über dem heißen Wasserbad schmelzen und mit den Mandeln unter den Teig heben.

3. Die Springform fetten und mit Mehl bestäuben. Den Teig hineingeben und glattstreichen. Im heißen Ofen (Mitte) ca. 20 Minuten backen. Herausnehmen und auf einem Kuchengitter auskühlen lassen.

4. Für den Belag Quark und Puderzucker glattrühren. Die Sahne steif schlagen und unter die Quarkmasse heben. Brownie-Boden mit der Creme bestreichen und die Creme ca. 30 Minuten kalt stellen.

5. Inzwischen die Erdbeeren waschen, putzen und halbieren. Mit einem Messer am Rand des Kuchens entlangfahren und den Springformrand lösen. Die Torte mithilfe eines Tortenretters auf eine Tortenplatte setzen und mit den Erdbeeren verzieren.

Lemon Cream
Sponge

für 2 kleine Springformen (Ø 20 cm)

Für den Teig:
3 Eier • 75 g Zucker • 75 g Mehl • ¾ TL Backpulver

Für die Creme:
225 g Crème double • 3 EL Lemon Curd

Für die Dekoration:
Puderzucker • abgeriebene Zitronenschale • Lemon Curd

So geht's

1. Zwei Springformen einfetten und mit Backpapier auslegen. Den Ofen auf 180 °C (Ober-/Unterhitze) vorheizen.

2. Die Eier und den Zucker mit dem Handrührgerät schlagen, bis die Mischung dick und cremig ist, dann noch 2 Minuten weiterschlagen. Das Mehl mit dem Backpulver mischen, einsieben und vorsichtig unterheben.

3. Auf die Formen verteilen und im heißen Ofen (Mitte) 20 Minuten backen, oder bis die Oberseite zurückfedert, wenn sie leicht mit den Fingerspitzen gedrückt wird. Zum Abkühlen auf ein Kuchengitter stürzen.

4. Die Crème double leicht aufschlagen und mit dem Lemon Curd verrühren, einen Teig mit der Hälfte bestreichen und den zweiten daraufsetzen. Mit der restlichen Creme bestreichen, mit Puderzucker bestäuben und mit geriebener Zitronenschale und Lemon Curd dekorieren.

Kalter Kekskuchen

200 g Zartbitterschokolade mit Mandeln
(78 % Kakaogehalt; alternativ 150 g Zartbitterschokolade und 50 g gehackte Mandeln) •
180 g Kokosfett • 2 Eier • 150 g Zucker • Salz • 75 g Backkakao • 150 g Butterkekse •
2 EL Mandelblättchen

So geht's

1. Die Schokolade sehr fein hacken, das Kokosfett in Stücke schneiden. Beides in eine Schüssel geben und über dem heißen Wasserbad schmelzen, dabei ab und zu umrühren. Einige Minuten abkühlen lassen.

2. In der Zwischenzeit die Eier mit Zucker und 1 Prise Salz schaumig aufschlagen. Kakao und Schokoladenmasse vorsichtig unterrühren.

3. Kastenform mit Wasser ausspülen und so mit Klarsichtfolie auslegen, dass diese an den beiden langen Seiten etwas übersteht. 3–4 EL Schokoladenmasse auf dem Boden verteilen, mit Keksen bedecken und etwas andrücken. Im Wechsel Schokoladenmasse und Kekse einschichten, mit Keksen abschließen. Die Folie über den Keksen zusammenschlagen und den Kuchen über Nacht kalt stellen.

4. Zum Fertigstellen die Mandelblättchen in einer kleinen Pfanne ohne Fett bei mittlerer Hitze hellbraun rösten. Kekskuchen mithilfe der Folie vorsichtig aus der Form nehmen und die Folie abziehen. Den Kuchen auf eine Platte stürzen und mit den gerösteten Mandeln bestreuen.

Mandel-Kirsch-Kuchen

Zutaten
♥

für 1 kleine Springform (Ø 20 cm)

300 g Cocktailkirschen • 175 g weiche Butter, plus etwas mehr für die Form •
175 g Rohrzucker • 3 Eier • 40 g gemahlene Mandeln •
280 g Mehl • 1 ½ TL Backpulver • 70 g Mandelblättchen

So geht's

1. Den Ofen auf 160°C (Ober-/Unterhitze) vorheizen. Die Springform fetten und mit Backpapier auslegen.

2. Die Kirschen halbieren, in ein Sieb geben und abspülen, um den gesamten Sirup zu entfernen. Mit Küchenpapier trocken tupfen und beiseitestellen.

3. Butter, Zucker, Eier und gemahlene Mandeln in eine Schüssel geben. Mehl und Backpulver hineinsieben. Gründlich vermengen, bis die Masse glatt ist, und dann die Kirschen unterrühren. Die Mischung in die vorbereitete Form geben und glattstreichen. Die Mandelblättchen darüberstreuen.

4. Im heißen Ofen (Mitte) 1 ½ – 1 ¾ Stunden backen, bis der Kuchen gut aufgegangen ist. Mit der Stäbchenprobe testen.

5. Den Kuchen 10 Minuten lang in der Form lassen, dann stürzen und auf einem Kuchengitter auskühlen lassen.

Rhabarber–
Crumble

Zutaten

für 6 Portionen

Für den Rhabarber:

1 Bio-Orange • 900 g Rhabarber • 115 g Zucker

Für die Streusel:

225 g Mehl • 115 g Butter • 115 g weicher, hellbrauner Zucker •
1 TL gemahlener Ingwer

So geht's

1. Den Ofen auf 190 °C (Ober-/Unterhitze) vorheizen.

2. Die Orange heiß waschen, abtrocknen, die Schale abreiben und den Saft auspressen. Den Rhabarber waschen, putzen, in 2,5 cm lange Stücke schneiden und zusammen mit dem Zucker, der Orangenschale und dem Orangensaft in eine Auflaufform (1,7 l Fassungsvermögen) geben.

3. Für die Streusel das Mehl in eine Rührschüssel geben und die Butter mit den Fingerspitzen einkneten, bis die Mischung wie Brotkrümel aussieht. Den braunen Zucker und den Ingwer untermengen.

4. Die Streusel gleichmäßig auf dem Rhabarber verteilen und mit einer Gabel leicht andrücken. Auf ein Backblech legen und im heißen Ofen (Mitte) 25–30 Minuten backen, bis der Belag goldbraun ist. Aus dem Ofen nehmen und warm servieren.

ROSS' TIPP

Ihr könnt den Kuchen auch supergut vorbereiten. Bewahrt dann Teig und Topping in jedem Fall getrennt voneinander im Kühlschrank auf – so wird der Crumble richtig schön knusprig.

Spaß mit meinem Papa und meiner Schwester am Strand von Cornwall

Hier bin ich 15 und besuche meine Tante Diane in Australien. Weil wir beide immer so früh wach waren, haben wir für alle Frühstück vorbereitet.

Als Familie unterwegs zu sein, war meinem Papa immer wichtig – hier sind wir auf einer Fähre auf dem Weg in den Urlaub.

Ich in Wien, einer meiner absoluten Lieblingsstädte in Europa

Sticky
Chocolate Cake

Zutaten
♥

für 1 kleine Springform (Ø 20 cm)

Für den Teig:

3 EL Backkakao · 100 g Zartbitterschokolade · 175 g weiche Butter ·
1 TL Vanilleextrakt · 225 g Zucker · 3 Eier · 175 g Mehl · 2 TL Backpulver ·
150 g saure Sahne

Für Füllung & Glasur:

8 EL Aprikosenkonfitüre · 4 EL dunkler Rum · 225 g Zartbitterschokolade ·
300 g Crème double

So geht's

1. Den Ofen auf 180 °C (Ober-/Unterhitze) vorheizen. Die Springform fetten und mit Backpapier auslegen.

2. Kakao mit 4 EL kochendem Wasser zu einer Paste verrühren. Abkühlen lassen.

3. 100 g Schokolade für den Teig über dem Wasserbad schmelzen. Butter, Vanille und Zucker hell und schaumig schlagen. Die Eier einzeln unterrühren, dabei jeweils 1 TL Mehl hinzufügen. Geschmolzene Schokolade und Kakaomasse einrühren.

4. Mehl und Backpulver zusammensieben. Mit der sauren Sahne unter die Kuchenmasse rühren. Mit einem Löffel in die Form geben. In die Mitte eine leichte Vertiefung drücken, dann die Seiten glattstreichen.

5. Im heißen Ofen (Mitte) 50–55 Minuten backen, bis er sich fest anfühlt. 5 Minuten in der Form abkühlen lassen, dann auf ein Kuchengitter stürzen und vollständig auskühlen lassen.

6. Den Kuchen waagerecht in drei Böden schneiden. Für die Füllung die Konfitüre erwärmen und den Rum hineinrühren. Die Konfitüre auf einen Boden streichen, einen Boden daraufsetzen und wiederholen.

7. Für die Glasur die Schokolade über dem Wasserbad schmelzen, mit der Crème double vermengen und glattrühren. Abkühlen lassen, dann mit einem Schneebesen schlagen. 5 Minuten kühlstellen, dann erneut verquirlen und die Oberseite und die Seiten des Kuchens damit bestreichen.

Schichtkuchen
mit Puddingcreme

Zutaten
♥

für 1 Springform (Ø 26 cm)

Für den Teig:

125 g weiche Butter • 75 g Zucker • abgeriebene Schale von ½ Bio-Zitrone •
2 Eier • 150 g Mehl • ½ TL Backpulver

Für die Creme:

4 kleine Äpfel • 2 EL Zitronensaft • 3 Eier • Salz • 125 g weiche Butter •
50 g Puderzucker • 1 Pck. Vanillezucker • ½ TL gemahlener Anis • 1 EL Vanillepuddingpulver

Für die Orangensahne:

50 g Sahne • 1 EL Puderzucker • abgeriebene Schale von ½ Bio-Orange

So geht's

1. Den Ofen auf 180 °C Ober-/Unterhitze (160 °C Umluft) vorheizen. Den Boden einer Springform mit Backpapier auslegen.

2. Für den Teig Butter, Zucker und Zitronenschale mit den Rührbesen des Handrührgeräts ca. 2 Minuten weiß-cremig schlagen. Eier nacheinander unterrühren, Mehl und Backpulver unterheben. Teig in die Form füllen, am Rand etwas hochziehen.

3. Für die Puddingcreme die Äpfel schälen, vierteln und das Kerngehäuse entfernen. Viertel in sehr dünne Spalten schneiden oder hobeln. Mit Zitronensaft mischen.

4. Eier trennen, Eiweiße mit 1 Prise Salz steif schlagen. Butter, Puderzucker, Vanillezucker, Anis und Puddingpulver cremig schlagen. Eigelbe unterrühren. Erst Eischnee, dann Äpfel vorsichtig unterheben. Masse auf dem Teig verteilen.

5. Den Kuchen im heißen Ofen (Mitte) ca. 25 Minuten backen. Die Temperatur auf 160 °C (140 °C Umluft) reduzieren und weitere 20 Minuten backen. Aus dem Ofen nehmen und in der Form 30–40 Minuten lauwarm abkühlen lassen.

6. Für die Orangensahne Sahne steif schlagen, dabei den Puderzucker einrieseln lassen. Mit Orangenschale verfeinern. Orangensahne zum Kuchen reichen.

Bananen-
kuchen

Zutaten
♥

für 1 kleine Springform (Ø 20 cm)

60 g Butter · 60 g Muscovadozucker ·
1 Ei (Größe L) · 60 g Vollkornmehl, gesiebt · 1 TL Backpulver ·
1 TL Natron · 1 mittelgroße, sehr reife Banane · ½ TL gemahlener Zimt ·
½ TL Vanilleextrakt

So geht's

1. Den Ofen auf 190 °C (Ober-/Unterhitze) vorheizen. Eine Springform fetten und den Boden mit Backpapier auslegen.

2. Butter und Zucker mit einem Holzlöffel hell und cremig schlagen. Das Ei in einer kleinen Schüssel verquirlen und langsam nach und nach zur Buttermasse geben. Dann Mehl, Zimt und Backpulver unterrühren. Die Banane mit einer Gabel zerdrücken und ebenfalls unterrühren. Vanilleextrakt dazugeben. Den Teig in die Form füllen.

3. Im heißen Ofen (Mitte) ca. 25 Minuten backen, bis der Kuchen eine feste Oberfläche bekommen hat. Auf einem Kuchengitter auskühlen lassen.

Heidelbeer-Zitronen-Kuchen

Zutaten

für 1 quadratische Form (20 x 20 cm)

225 g weiche Butter, plus etwas mehr für die Form • 250 g Mehl • 2 ½ TL Backpulver
1 Bio-Zitrone • 225 g Rohrzucker • 4 Eier • 25 g gemahlene Mandeln •
200 g Heidelbeeren

Für das Topping:
Saft von 2 Zitronen • 115 g Rohrzucker • 55 g Puderzucker

So geht's

1. Den Ofen auf 180 °C (Ober-/Unterhitze) vorheizen. Die Kuchenform fetten und mit Backpapier auslegen.

2. Mehl und Backpulver zusammensieben. Die Zitrone heiß waschen, abtrocknen, die Schale abreiben und den Saft auspressen. Butter und Zucker cremig rühren. Die Eier in einer separaten Schüssel aufschlagen, nach und nach in die Buttermischung einrühren und gegen Ende etwas Mehl hinzugeben, damit die Masse nicht gerinnt. Die Zitronenschale unterrühren, das restliche Mehl und die Mandeln mit so viel Zitronensaft unterheben, dass eine tropfende Konsistenz entsteht.

3. Die Heidelbeeren waschen, drei Viertel unter den Teig heben. Den Teig in die Form füllen, glattstreichen, dann die restlichen Beeren darauf verteilen. Im heißen Ofen (Mitte) ca. 1 Stunde backen, bis sich der Kuchen fest anfühlt. Mit der Stäbchenprobe testen.

4. In der Zwischenzeit das Topping vorbereiten. Dafür Zitronensaft und Zucker verrühren. Sobald der Kuchen aus dem Ofen kommt, rundherum einstechen und die Mischung darübergießen. Den Puderzucker mit etwas Wasser verrühren und über den Kuchen träufeln. In der Form vollständig auskühlen lassen, dann in Quadrate schneiden.

Apfel-Tarte
mit Vanille

2 süßliche Äpfel (z. B. Golden Delicious) • 425 g weiße Bohnen (Dose) •
1 Vanilleschote • 1 kleine Bio-Zitrone • 2 Eier (Größe L) • 140 g Zucker •
1 ½ TL Sonnenblumenöl • 3 EL zarte Haferflocken •
1 ½ TL Backpulver • Puderzucker zum Bestäuben

So geht's

1. Den Ofen auf 180 °C Ober-/Unterhitze (160 °C Umluft) vorheizen.

2. Die Äpfel schälen, vierteln, das Kerngehäuse entfernen und die Äpfel mit einer Gemüsereibe in dünne Scheiben hobeln. Die Bohnen in ein Sieb abgießen, abbrausen und gut abtropfen lassen.

3. Die Vanilleschote der Länge nach aufschlitzen und das Mark herauskratzen. Die Zitrone heiß waschen, abtrocknen, die Schale fein abreiben und den Saft auspressen. Eier mit Zucker schaumig schlagen. Die Eimasse mit

Bohnen, Öl, Haferflocken, Backpulver, Zitronenschale und Vanillemark in einem Mixer oder mit einem Stabmixer fein pürieren. Teig in eine gefettete Tarte-Form oder eine mit Backpapier ausgelegte Springform füllen. Die Apfelscheiben darauf verteilen und mit Zitronensaft bepinseln. Tarte im heißen Ofen (Mitte) ca. 40 Minuten goldbraun backen.

4. Die Apfeltarte aus dem Ofen nehmen und ca. 10 Minuten abkühlen lassen. Mit Puderzucker bestäuben und sofort servieren.

Very
British

Seite 54

Knusprig-mürbes Shortbread

Seite 64

Gewürz-Apple-Crumble

Seite 68

Walnuss-Dattel-Laib

Seite 56

Bread Pudding mit Lemon Curd

*I*n Deutschland findet man diese Kuchen eigentlich eher nicht oder ganz selten. In Großbritannien kennt sie jeder, und sie werden dort oft gebacken. Das Tolle daran: Diese Art von Kuchen ist preiswert, so kann es sich jeder leisten, sie zuzubereiten. Ich habe euch Kuchen aus den verschiedensten Regionen Großbritanniens zusammengestellt, von Schottland über Wales bis hin zur Mitte Englands. Egal ob Shortbread, Scones oder Drizzle Cakes: Allesamt Kuchen, über die sich auch meine deutschen Schnuckies bestimmt sehr freuen.

Manchmal findet man dieses Gebäck in britischen Shops, aber dafür muss man viel Glück haben. In diesem Kapitel weht eindeutig ein Hauch von England, und ich bin mir sicher, dass ihr eine echte Freude beim Ausprobieren haben werdet. Denn es gibt so viele fantastische Backbücher, aber kaum ein Buch mit den leckersten Spezialitäten aus meiner Heimat. Sie bestehen manchmal aus einer Brot- oder Teigbasis, manchmal auch vor allem aus Keks oder Sahne. Außerdem variieren sie im Schwierigkeitsgrad und sind damit eine schöne Herausforderung für jeden, der sich an englisches Backwerk wagen mag!

♥

Englische Scones

♥
für ca. 8 Stück

225 g Mehl · ½ TL Salz · 2 ½ TL Backpulver
50 g Butter oder Margarine · 150 ml Milch · 1 Ei

Zum Servieren:
Clotted Cream (aus dem britischen Supermarkt; alternativ geschlagene Sahne) ·
Butter · Erdbeerkonfitüre

So geht's

1. Den Ofen auf 220 °C (Ober-/Unterhitze) vorheizen.

2. Mehl, Salz und Backpulver in eine Schüssel sieben. Die Butter hineinkneten, dann Milch einrühren, bis ein weicher Teig entsteht. Scones in der gewünschten Größe ausstechen und auf ein mit Backpapier ausgelegtes Backblech legen. Das Ei verquirlen und die Scones damit bestreichen. Im heißen Ofen (Mitte) ca. 10 Minuten backen, bis sie goldgelb sind. Anschließend auf einem Kuchengitter abkühlen lassen.

3. Am besten serviert ihr die Scones noch leicht warm mit Clotted Cream oder Butter und Erdbeerkonfitüre.

Die Scones gehen schön auf, wenn ihr kalte, fast gefrorene Butter nehmt. Mixt alles nur so lange, bis ihr seht, dass der Teig zusammenklebt. Und mein Geheimtipp: Formt die Scones auf dem Blech und lasst sie vor dem Backen dort erstmal ein paar Minuten chillen.

Knusprig-mürbes
Shortbread

Zutaten
für 1 Blech

110 g weiche Butter · 55 g Zucker, plus etwas mehr zum Bestreuen ·
170 g Mehl, plus etwas mehr zum Arbeiten · 1 ½ TL Backpulver ·
1 gestrichener TL gemahlener Ingwer (nach Belieben)

So geht's

1. Den Ofen auf 150°C (Ober-/Unterhitze) vorheizen.

2. Butter und Zucker schaumig rühren. Mehl, Backpulver und Ingwer hineinsieben, verkneten und zu einer Kugel formen.

3. Auf der mit Mehl bestäubten Arbeitsfläche ca. 3 mm dick ausrollen und Kreise (Ø ca. 7,5 cm) ausstechen.

4. Die Kekse auf ein mit Backpapier ausgelegtes Blech geben und im heißen Ofen (oben) 30 Minuten backen. Noch warm mit Zucker bestreuen und auf dem Blech vollständig auskühlen lassen.

ROSS' TIPP

Richtig gutes Shortbread zu machen, ist nicht ganz einfach. So gelingt es euch bestimmt: Die Butter für den Teig sollte weich, aber nicht flüssig sein. Mixt alles gut zusammen, und lasst den Teig dann im Kühlschrank abkühlen. Ganz wichtig: Backt Shortbread nie zu schnell, sondern mit geringer Temperatur. Piekst mit der Gabel hinein, dann merkt ihr, wann es fertig gebacken ist.

Bread Pudding
mit Lemon Curd

Zutaten
♥
für 6 Portionen

8 Scheiben Weißbrot · 50 g Butter · 120 g Lemon Curd ·
375 g Sahne (oder eine Mischung aus Sahne und Milch) · 3 Eigelb ·
100 g Zucker · 1 TL Vanilleextrakt · ¼ TL Salz

Zum Servieren:

frische Früchte · Vanillesauce

So geht's

1. Den Ofen auf 170 °C (Ober-/Unterhitze) vorheizen.

2. Aus den Brotscheiben, der Butter und dem Lemon Curd Sandwiches herstellen. Falls ihr möchtet, könnt ihr die Krusten der Brotscheiben abschneiden. Die Sandwiches überlappend in einer Auflaufform in so vielen Schichten wie nötig anordnen, bis alles aufgebraucht ist.

3. Die Sahne in einem Topf erhitzen. In der Zwischenzeit in einer hitzebeständigen Schüssel (750 ml Fassungsvermögen) die Eigelbe mit 50 g Zucker, Vanilleextrakt und

Salz aufschlagen. Die heiße Sahne darüber gießen und gründlich vermengen. Die Mischung über die Lemon-Curd-Sandwiches in der Form gießen und mit dem restlichen Zucker bestreuen. Die Form in einen Bräter oder eine andere Form, in die sie gut hineinpasst, stellen und in die untere Form bis zur Hälfte Wasser hineingießen.

4. Im heißen Ofen (Mitte) 40 Minuten backen. Die Masse bleibt weich, aber oben ist der Bread Pudding knusprig. Mit frischen Früchten und Vanillesauce servieren.

Victoria Sponge Cake

Zutaten

für 2 kleine Springformen (Ø 20 cm)

Für den Teig:

6 EL Margarine · 170 g Zucker · 3 Eier · Vanilleextrakt · 170 g Mehl ·
1 ½ TL Backpulver

Für die Füllung:

Erdbeerkonfitüre · Buttercreme oder geschlagene Sahne

So geht's

1. Den Ofen auf 170 °C (Ober-/Unterhitze) vorheizen und die Springformen mit Backpapier auslegen.

2. In einer Schüssel Margarine und Zucker hell und schaumig schlagen. In einer separaten Schüssel die Eier aufschlagen. Nach und nach zur Mischung geben und gut verrühren. Einige Tropfen Vanilleextrakt dazugeben und unter die Masse heben. Mehl und Backpulver vermengen, zur Masse sieben und unterheben. Die Mischung sollte langsam vom Löffel tropfen – wenn sie zu trocken ist, 1–2 TL heißes Wasser hinzufügen.

3. Den Teig auf die zwei Formen verteilen. Im heißen Ofen (Mitte) 25–30 Minuten backen. Nach dem Backen noch für 1 Minute in der Form lassen. Die Ränder mit einem Messer rundherum lösen, dann auf ein Kuchengitter stürzen. Backpapier entfernen und die Böden auskühlen lassen.

4. Die Böden mit so viel Konfitüre und Buttercreme zusammensetzen, wie ihr möchtet.

ROSS' TIPP

Das ist mein absoluter Lieblingskuchen! Damit er auch eurer wird, hier ein paar wichtige Infos: Bei dem Kuchen muss alles ganz schnell gehen, bereitet deshalb alle Zutaten schon gut vor. Siebt das Mehl in jedem Fall, dann wird der Kuchen auch schön fluffig. Beobachtet während der Backzeit, ob der Kuchen schon braun genug ist. Denn die Ofentür zwischendurch zu öffnen, ist streng verboten!

Birnen-Ingwer-Kuchen

Zutaten
♥

für 1 kleine Springform (Ø 20 cm)

450 g Tafelbirnen · 200 g weiche Butter, plus etwas mehr für die Form · 200 g Zucker · 200 g Mehl · 2 TL Backpulver · 1 TL gemahlener Ingwer · 3 Eier · 1 EL brauner Zucker

So geht's

1. Den Ofen auf 180 °C (Ober-/Unterhitze) vorheizen, die Springform fetten und mit Backpapier auslegen.

2. Birnen schälen, das Kerngehäuse entfernen und Birnen in dünne Scheiben schneiden.

3. 175 g Butter und den weißen Zucker in eine Schüssel geben. Mehl, Backpulver und gemahlenen Ingwer hineinsieben. Die Eier leicht verquirlen und hinzugeben. Alles mit einem Schneebesen gut verrühren, bis eine glatte Masse entsteht.

4. Die Masse in die Form geben und glattstreichen. Die Birnenspalten darauf verteilen. Mit dem braunen Zucker bestreuen und die restliche Butter in Flöckchen daraufgeben.

5. Im heißen Ofen 35–40 Minuten backen (oder bis der Kuchen goldgelb ist und beim Drücken nachgibt).

6. Den Kuchen in der Form etwas abkühlen lassen und dann zum vollständigen Abkühlen auf ein Kuchengitter stürzen.

St. Clement's Cake

für 1 große oder 2 kleine Kastenformen

175 g weiche Butter, plus etwas mehr für die Form(en)
1 große Bio-Zitrone · 1 große Bio-Orange · 175 g + 3 EL Zucker · 4 EL Milch · 2 Eier
175 g Mehl · 1 ½ TL Backpulver

So geht's

1. Den Ofen auf 180 °C (Ober-/Unterhitze) vorheizen. Die Form bzw. Formen fetten und mit Backpapier auslegen.

2. Die Zitrone und die Orange heiß waschen, abtrocknen, die Schale abreiben und den Saft auspressen.

3. 175 g Zucker, Butter und Zitronen- und Orangenschale in eine Schüssel geben und hellcremig aufschlagen. Die Milch dazugeben, dann die Eier nacheinander mit je 1 EL Mehl einrühren. Das restliche Mehl untermischen. Mit einem Löffel in die vorbereitete(n) Form(en) geben und glattstreichen.

4. Im heißen Ofen (Mitte) ca. 45 Minuten (große Form) oder 30 Minuten (kleine Formen) backen, bis der Kuchen goldgelb ist. Mit der Stäbchenprobe testen.

5. Zitronen- und Orangensaft in einen Topf geben, zum Kochen bringen und auf etwa 3 EL einkochen lassen. Abkühlen lassen und dann den restlichen Zucker einrühren, bis er sich gerade aufzulösen beginnt.

6. Sobald der Kuchen aus dem Ofen kommt, mehrmals einstechen (z. B. mit einem Holzspieß), dann den Zitronen-Orangen-Zucker langsam über den Kuchen gießen, sodass er in den Kuchen einziehen kann. Den Kuchen vollständig in der Form abkühlen lassen, dann stürzen.

Gewürz-Apple-Crumble

Zutaten

für ca. 8 Portionen

Für die Apfel-Mischung:

250 g Brombeeren · 75 g Rohrohrzucker · 1 TL gemahlener Zimt · gemahlene Nelken · frisch geriebene Muskatnuss · Saft von 1 Limette · 4 Äpfel (Boskop) · 2 Äpfel (Elstar)

Für die Streusel:

100 g Rohrohrzucker · 70 g Butter · 160 g Mehl · 1 ½ TL Backpulver · 100 g Walnusskerne

So geht's

1. Den Ofen auf 180 °C (Ober-/Unterhitze) vorheizen.

2. Die Brombeeren waschen. Den Zucker mit Zimt, je 1 Prise Nelken und Muskatnuss, Limettensaft und Brombeeren in einer Schüssel mischen. Die Äpfel (Boskop) waschen, das Kerngehäuse entfernen, die Äpfel vierteln und mit in die Schüssel geben. Die restlichen Äpfel (Elstar) schälen, das Kerngehäuse entfernen, die Äpfel würfeln und mit den anderen Apfelstücken mischen. Alles in eine geeignete Auflaufform geben.

3. Für die Streusel Zucker, Butter, Mehl und Backpulver mit den Knethaken des Handrührgeräts vermengen, bis eine Textur entsteht, die an Paniermehl erinnert. Die Walnüsse grob hacken und daruntermischen.

4. Die Streusel über die Äpfel geben und leicht andrücken. Vorsichtig mit einer Gabel über die Streusel fahren, um der Oberfläche eine Struktur zu geben. Den Crumble im heißen Ofen (Mitte) 30–35 Minuten backen, bis er goldbraun ist.

ROSS' TIPP

Meine Oma hat mir beigebracht, dass ein Kuchen viel besser wird, wenn man den Teig mit den Händen knetet. Und wenn ihr merkt, dass die Masse zu trocken ist, gebt noch 2 EL Milch hinzu. Die Streusel locker auf dem Kuchen verstreuen, nicht nachdrücken!

 Möhren-Nuss-Kuchen

 **Zutaten**

♥

für 1 kleine Kastenform (20 cm Länge)

1 Möhre · 120 ml Olivenöl, plus etwas mehr für die Form ·
150 g Rohrzucker, plus etwas mehr zum Bestreuen · 2 Eier · 2 EL Orangensaft ·
60 g gehackte Walnusskerne · 50 g Rosinen · 120 g Mehl · 1 gehäufter TL Backpulver ·
½ TL gemahlener Zimt

So geht's

1. Den Ofen auf 190 °C (Ober-/Unterhitze) vorheizen, die Form mit etwas Olivenöl einfetten und mit Backpapier auslegen.

2. Die Möhre schälen und fein raspeln. Öl und Zucker in einer großen Schüssel verrühren. Die Eier trennen, die Eigelbe und den Orangensaft unterrühren. Möhren, Walnüsse und Rosinen unterheben. Mehl und Backpulver daraufsieben und unterrühren, anschließend den Zimt.

3. Das Eiweiß steif schlagen und in zwei Portionen unter die Masse heben. Die Mischung in die Form füllen, glattstreichen und mit etwas Zucker bestreuen. Im heißen Ofen (Mitte) 45–50 Minuten backen, dann mit der Stäbchenprobe testen.

4. Mit einem Messer um den Rand des Kuchens fahren und vollständig auskühlen lassen.

 Walnuss-Dattel-Laib

Zutaten
💙

für 1 kleine Kastenform (20 cm Länge)

30 g Datteln (ohne Stein) · 30 g Walnusskerne · 1 kleiner Apfel (Boskop)
110 g weiche Margarine · 170 g Rohrzucker · 2 Eier · 110 g Weizenvollkornmehl
110 g Weizenmehl · Salz · 1 ½ TL Backpulver · 3 ½ EL Milch

So geht's

1. Den Ofen auf 180 °C (Ober-/Unterhitze) vorheizen. Die Form mit Backpapier auslegen.

2. Datteln und Walnüsse hacken. Den Apfel waschen, das Kerngehäuse entfernen und den Apfel klein hacken.

3. Margarine, Zucker, Eier, beide Mehlsorten, 1 Prise Salz und das Backpulver verrühren. Milch hinzufügen und gut verrühren. Datteln, Nüsse und Apfel untermengen.

4. Die Masse in die Form geben und im heißen Ofen (Mitte) 1 Stunde backen, bis der Laib in der Mitte federt, wenn man draufdrückt.

Classic Victoria Sponge.

6 ozs margarine
6 ozs Castor sugar.

3 eggs.

6 ozs S.R. Flour.
few drops vanilla essence.

2 7" sponge tins, lined
with greaseproof paper.

To finish. Jam / butter cream / whipped cream.

Pre heat oven to gas mark 3. 325 F (170c).

In bowl cream margarine and sugar until pale and
fluffy. In separate bowl beat the eggs. Add a
little at a time to mixture. Beat well
Add vanilla essence. With metal spoon fold
flour into mixture. Use sieve to add flour.

Mixture should be "dropping consistency" (if too
dry add 1 or 2 teaspoons hot water.
Divide mixture between two cake tins. Put in
centre of oven for 25-30 minutes.
When cooked, leave in tin for 1 min. Loosen edges with palette
knife all round; turn out on wire rack. Remove base
papers and sandwich together with jam and butter cream

Das Originalrezept von meiner Oma!

Meine geliebte Oma „Muffy" – sie hat mir so viel beigebracht. Dafür werde ich ihr immer dankbar sein.

Eines meiner absoluten Lieblingsbilder von meinen Eltern und mir

Das ist mein Elternhaus – hier wurde ich geboren. Aufgenommen wurde das Bild in meinem Geburtsjahr 1974.

Einfacher
Banoffee Pie

Zutaten ♥

für 1 Tarte-Form (Ø 26 cm)

Für den Boden:

100 g Butter · 350 g Schokoladenkekse

Für die Toffee-Füllung:

130 g Butter · 130 g heller Muscovadozucker · 130 g Crème double ·
520 g gezuckerte Kondensmilch (Dose) · ½ TL Vanilleextrakt

Für den Belag:

600 g Crème double · 5 reife Bananen
Zitronensaft · 65 g geraspelte Zartbitterschokolade

So geht's

1. Für den Boden die Butter in einer Pfanne schmelzen und etwas abkühlen lassen. Die Kekse in einen Gefrierbeutel geben und mit einem Nudelholz zerdrücken, dann zur geschmolzenen Butter geben. Die Mischung verrühren, in die Form geben und an Boden und Seiten andrücken. Kühlstellen.

2. Für die Füllung Butter, Muscovadozucker und Crème double in einen Topf geben und vorsichtig erhitzen, um die Butter zu schmelzen. Kondensmilch und Vanilleextrakt hinzugeben und zum Kochen bringen, dann die Hitze reduzieren und 5–8 Minuten köcheln lassen, bis die Mischung eine karamellartige Farbe annimmt. Abkühlen lassen, dann über den gekühlten Boden gießen und mit der Rückseite eines Löffels verteilen. Kühlstellen.

3. Für den Belag die Crème double in eine mittelgroße Rührschüssel geben und mit einem Handrührgerät zu weichen Spitzen schlagen. Die Bananen in Scheiben schneiden und einen Spritzer Zitronensaft hinzugeben, damit sie nicht braun werden. Die Bananen in Kreisen auf der Füllung verteilen.

4. Einen großen Löffel Creme auf den Kuchen geben und vor dem Servieren die geraspelte Schokolade darauf verteilen.

Honig-
Gewürzkuchen

Zutaten
♥

für 1 kleine Springform (Ø 20 cm)

150 g Butter, plus etwas mehr für die Form · 175 g heller Muscovadozucker ·
250 g Honig · 2 Eier · 225 g Mehl · 2 TL Backpulver · ½ TL gemahlener Ingwer ·
½ TL gemahlener Zimt · ½ TL Kümmelsamen · ½ TL gemahlener Kardamom ·
280 g Puderzucker

So geht's

1. Den Ofen auf 180 °C (Ober-/Unterhitze) vorheizen, die Form einfetten und mit Backpapier auslegen.

2. Butter, Zucker, Honig und 1 EL Wasser in einen Kochtopf geben und vorsichtig erhitzen, bis die Butter geschmolzen ist und sich der Zucker aufgelöst hat. Vom Herd nehmen und 10 Minuten abkühlen lassen.

3. Die Eier verquirlen. Mehl und Backpulver in eine Schüssel sieben und Ingwer, Zimt, Kümmel und Kardamom untermischen. In die Mitte eine Vertiefung drücken, die Honigmischung und die Eier hineingeben und zu einem glatten Teig verrühren.

4. Den Teig in die Form füllen und im heißen Ofen (Mitte) 40–50 Minuten backen, bis er gut aufgegangen ist. Mit der Stäbchenprobe testen. Den Kuchen noch 5 Minuten in der Form lassen und dann zum vollständigen Auskühlen auf ein Kuchengitter stürzen.

5. Für den Zuckerguss den Puderzucker in eine Schüssel sieben und mit so viel warmem Wasser verrühren, bis ein flüssiger Zuckerguss entsteht. Diesen auf dem Kuchen verteilen und trocknen lassen.

ROSS' TIPP

Wer es nicht ganz so süß liebt, kann die Zuckermenge hier etwas reuzieren.

Brandy Butter

Zutaten

für 1 Portion

150 g weiche Butter · 225 g Puderzucker ·
50 g gemahlene Mandeln · 3 EL Weinbrand (oder nach Belieben)

So geht's

Die Butter schlagen, bis sie weich ist. Den Puderzucker sieben, hinzufügen und untermischen, bis die Masse hell und cremig ist. Die gemahlenen Mandeln untermengen und, wenn alles glatt verrührt ist, erst einmal 1 EL Weinbrand hinzufügen. Probieren und nach Belieben mehr hinzugeben – nicht jeder mag hier 3 EL.

ROSS' TIPP

Hier ein Rat meiner Oma: Um zu verhindern, dass die Butter flockt, gebt etwas Zucker dazu und stellt die Küchenmaschine auf die höchste Stufe. Ihr könnt die Butter auch retten, indem ihr weniger Alkohol und mehr Zucker hinzufügt.

Erdbeer-Rhabarber-Cobbler

Für die Erdbeer-Rhabarber-Mischung:

300 g Rhabarber · 300 g Erdbeeren · 100 g Zucker

Für den Teig:

50 g Butter, plus etwas mehr für die Form · 225 g Mehl · 2 TL Backpulver ·
100 g Zucker · 75 ml Milch · 1 Ei · 50 g gehackte Mandeln

So geht's

1. Den Ofen auf 170 °C (Ober-/Unterhitze) vorheizen und die Form fetten.

2. Rhabarber und Erdbeeren waschen und putzen, dann den Rhabarber in 2 cm große Stücke und die Erdbeeren in Scheiben schneiden. Beides in eine Pie- oder Auflaufform (1 l Fassungsvermögen) geben und den Zucker darüberstreuen.

3. Für den Teig Mehl und Backpulver in eine Schüssel sieben. Die Butter in Stückchen schneiden und 75 g Zucker dazugeben und vermengen. Milch und Ei verquirlen und unterrühren, sodass ein weicher Teig entsteht. In Klecksen über das Obst geben. Die Mandeln mit dem restlichen Zucker mischen und über den Cobbler streuen.

4. Im heißen Ofen (Mitte) 45–50 Minuten backen, bis die Mitte durchgebacken ist.

Rustikaler Apfelkuchen

Zutaten

für 1 kleine Springform (Ø 20 cm)

2 Äpfel (Boskop) · 1 Bio-Zitrone · 2 TL gemahlener Zimt ·
175 g Butter · 200 g + 2 EL Rohrohrzucker · 3 Eier ·
125 g Mehl · 125 g Vollkornweizenmehl · 1 TL Backpulver

Für die Glasur:

75 g Rohrohrzucker · 150 ml dunkler Cider ·
abgeriebene Schale von ½ Bio-Zitrone

So geht's

1. Den Ofen auf 180 °C Ober-/Unterhitze (160 °C Umluft) vorheizen. Die Springform mit Backpapier auslegen.

2. Die Äpfel schälen, das Kerngehäuse entfernen und die Äpfel in kleine Stücke schneiden. Die Zitrone heiß waschen, abtrocknen, die Schale abreiben und den Saft auspressen. Die Apfelstücke im Zitronensaft schwenken und 1 TL Zimt hinzufügen.

3. Die Butter zusammen mit 200 g Zucker hell und schaumig rühren. Die Eier unterrühren, anschließend beide Mehlsorten, Backpulver und die Zitronenschale unterheben.

4. Den Kuchenteig in die Form geben und glattstreichen. Restlichen Zucker und Zimt vermischen und darüberstreuen. Den Kuchen im heißen Ofen (Mitte) ca. 25 Minuten backen.

5. Für die Glasur in einem kleinen Topf den Zucker im Cider auflösen und die Zitronenschale untermischen. Kochen, bis sich die Flüssigkeit auf die Hälfte reduziert hat. Über den Kuchen träufeln, während er abkühlt.

Sticky Toffee Cake

Zutaten
♥

für 1 kleine Springform (Ø 20 cm)

Für den Teig:

150 g Datteln (ohne Stein) · 75 g Sultaninen · 1 TL Natron ·
25 g Butter, plus etwas mehr für die Form · 200 g brauner Zucker · 2 Eier ·
200 g Mehl · 2 TL Backpulver

Für die Toffee-Sauce:

25 g Butter · 175 ml Crème double · 200 g brauner Zucker

So geht's

1. Die Datteln würfeln. Sultaninen, Datteln und Natron in eine hitzebeständige Schüssel geben, mit kochendem Wasser bedecken und einweichen lassen.

2. Den Ofen auf 180 °C (Ober-/Unterhitze) vorheizen und die Form fetten.

3. Butter und Zucker gut verrühren, die Eier unterrühren, Mehl und Backpulver daraufsieben und unterheben. Die eingeweichten Früchte abtropfen lassen, in die Schüssel geben und untermengen.

4. Die Masse in die Springform geben und glattstreichen. Im heißen Ofen (Mitte) 35–40 Minuten backen, dann mit der Stäbchenprobe testen, ob der Kuchen fertig ist.

5. Etwa 5 Minuten vor Ende der Backzeit die Sauce zubereiten. Die Butter in einem Topf bei mittlerer Hitze schmelzen. Crème double und Zucker einrühren und unter ständigem Rühren zum Kochen bringen. Die Hitze reduzieren und 5 Minuten köcheln lassen.

6. Den Kuchen in Stücke schneiden und auf Teller geben. Die Sauce darübergießen und servieren.

Süße Kleinig-keiten

Seite 90

Apfel-Eclairs

Seite 92

Brombeer-Tartelettes

Seite 96

Weiße-Schokomousse-Törtchen

Seite 108

Erdnuss-Brownies

*H*ier findet ihr Rezepte für jede kleine und große Gelegenheit. Ihr braucht schnell feines Fingerfood für unterwegs? Oder ein Häppchen für zwischendurch? Dann seid ihr hier richtig: In diesem Kapitel finden sich kleine Sachen, die gut mitzunehmen sind, wenn ihr auf Reisen seid, denn ihr könnt sie super in Lunchboxen aufbewahren. So habt ihr mittags etwas Gutes dabei, oder auch am Abend einen Vorrat im Kühlschrank, wenn ihr noch eine Kleinigkeit nach dem Abendessen naschen wollt.

Ich habe hier sogar an alle gedacht, die etwas auf ihre Figur aufpassen wollen. Die Schmetterlingsküchlein oder Apfel-Eclairs sehen nicht nur zauberhaft leicht aus, sie sind es auch! Dann müsst ihr nur darauf achten, dass ihr nicht zu viel davon nascht – aber, ach was, ein kleiner Nachschlag wird doch wohl nicht verboten sein!

♥

Schmetterlings-küchlein

Zutaten

für 12 Stück

Für den Teig:

115 g Mehl · 2 TL Backpulver · 115 g weiche Butter · 115 g Zucker ·
2 Eier · abgeriebene Schale von ½ Bio-Zitrone · 2–4 EL Milch

Für die Füllung:

55 g Butter · 115 g Puderzucker · 1 EL Zitronensaft

Außerdem:

12 Muffin-Papierförmchen · Puderzucker zum Bestäuben

So geht's

1. Den Ofen auf 190 °C (Ober-/Unterhitze) vorheizen. Ein Muffinblech mit den Papierförmchen auslegen.

2. Mehl und Backpulver in eine Schüssel sieben. Die Eier verquirlen und zusammen mit Butter, Zucker, Zitronenschale und so viel Milch verrühren, dass der Teig eine mittelweiche Konsistenz erhält. Zu einer glatten Masse vermengen und auf die Papierförmchen verteilen.

3. Für die Füllung die Butter in eine Schüssel geben, den Puderzucker hineinsieben und den Zitronensaft hinzufügen. Gut vermengen, bis eine glatte, cremige Masse entstanden ist.

4. Wenn die Küchlein vollständig abgekühlt sind, mit einem scharfen Messer einen Kreis aus der Oberseite jedes Kuchens schneiden und diese Kreise halbieren.

5. Etwas Buttercreme auf jedes Küchlein geben und die zwei Halbkreise so hineindrücken, dass sie wie Flügel aussehen. Mit Puderzucker bestäuben.

Apfel-Eclairs

Zutaten

für 12 Stück

Für den Brandteig:

75 g Butter · Salz · 175 g Mehl · 5 Eier

Für die Füllung:

3–4 Äpfel (400 g geputzt) · 2 EL Zitronensaft · 1 Pck. Vanillezucker ·
gemahlener Anis · 500 g Mascarpone · 300 g Sahne · 1 EL Zucker

Außerdem:

1 Spritzbeutel mit großer Lochtülle · 1 Spritzbeutel mit kleiner Lochtülle ·
je 75 g Vollmilch- und Zartbitterkuvertüre · Puderzucker zum Bestäuben

So geht's

1. Für den Teig 250 ml Wasser, die Butter
und 1 Prise Salz in einem Topf aufkochen.
Vom Herd nehmen, Mehl dazugeben. So
lange rühren, bis die Masse eine Kugel bildet und sich vom Topfboden löst. Teig in
eine Schüssel füllen und abkühlen lassen.

2. Den Ofen auf 220 °C Ober-/Unterhitze
(200 °C Umluft) vorheizen. 4 Eier nacheinander unterrühren, bis ein geschmeidiger
Teig entsteht. Drei Backbleche mit Backpapier auslegen. Den Teig mit dem Spritzbeutel mit großer Lochtülle in ca. 10 x 2,4 cm

lange Streifen auf das Backpapier spritzen.
Das restliche Ei mit 1 TL Wasser verquirlen,
die Eclairs damit bestreichen. Im heißen
Ofen (Mitte) ca. 25 Minuten backen, dann
im ausgeschalteten Ofen noch ca. 5 Minuten ruhen lassen. Herausnehmen und abkühlen lassen.

3. Für die Füllung die Äpfel schälen, das Kerngehäuse entfernen und die Äpfel raspeln. Mit Zitronensaft, Vanillezucker und 1 Prise Anis in einen Topf geben und so lange dünsten, bis sie weich sind. Abkühlen lassen, dann den Mascarpone unterheben. Die Sahne mit Zucker steif schlagen und unter die Creme heben.

4. Die Eclairs seitlich längs aufschneiden. Creme mit dem Spritzbeutel mit kleiner Lochtülle hineinspritzen. Die beiden Kuvertüren zusammen über einem heißen Wasserbad schmelzen, die Eclairs auf der Oberseite damit bestreichen. Vor dem Servieren mit Puderzucker bestäuben.

Brombeer-
Tartelettes

Zutaten
♥
für 10 Törtchen

Für den Teig:

250 g Mehl, plus etwas mehr zum Arbeiten · 100 g Zucker · Salz · 1 Ei ·
125 g weiche Butter, plus etwas mehr für die Förmchen

Für die Füllung:

6 Blätter Gelatine · 300 ml Trinkjoghurt mit Waldfruchtgeschmack ·
250 g Sahne · 500 g Brombeeren

Außerdem:

10 Tartelette-Förmchen (Ø 10 cm) ·
1 Spritzbeutel mit kleiner Sterntülle · 2 EL Puderzucker zum Bestäuben ·
Minzeblättchen zum Garnieren

So geht's

1. Mehl mit Zucker, 1 Prise Salz, Ei und Butter zu einem glatten Teig kneten. Zu einer Kugel formen und in Frischhaltefolie ca. 30 Minuten im Kühlschrank ruhen lassen.

2. Den Ofen auf 180 °C Ober-/Unterhitze (160 °C Umluft) vorheizen. Tartelette-Förmchen fetten. Den Teig auf einer bemehlten Arbeitsfläche gleichmäßig dick ausrollen, 10 Kreise (Ø 14 cm) ausstechen und die Förmchen damit auslegen. Den Teig leicht andrücken und mit einer Gabel mehrmals einstechen. Im heißen Ofen (Mitte) ca. 15 Minuten blindbacken. Herausnehmen und auskühlen lassen.

3. Für die Creme Gelatine in kaltem Wasser 10 Minuten einweichen. Tropfnass in eine Metallschüssel geben und über dem Wasserbad unter Rühren auflösen. Vom Wasserbad nehmen und den Trinkjoghurt einrühren. Sahne steif schlagen. Sobald der Joghurt anfängt zu gelieren, die Sahne unterheben. Die Masse in einen Spritzbeutel mit Sterntülle füllen und in die Törtchen spritzen. Die Brombeeren waschen und die Tartelettes damit belegen. Zum Servieren mit Puderzucker bestäuben und mit Minze garnieren.

Heidelbeer-
Muffins

Zutaten
für 12 Muffins

280 g Mehl · 1 EL Backpulver · ½ TL Salz ·
115 g weicher hellbrauner Zucker · 150 g TK-Heidelbeeren · 2 Eier · 250 ml Milch ·
6 EL Sonnenblumenöl oder 85 g geschmolzene Butter · 1 TL Vanilleextrakt ·
abgeriebene Schale von 1 Bio-Zitrone

Außerdem:
12 Muffin-Papierförmchen

So geht's

1. Den Ofen auf 200 °C (Ober-/Unterhitze) vorheizen. Ein Muffinblech mit den Papierförmchen auslegen.

2. Mehl, Backpulver und Salz in eine große Schüssel sieben, den Zucker und die Heidelbeeren unterrühren.

3. Die Eier in einer großen Schüssel leicht aufschlagen. Milch, Öl, Vanilleextrakt und Zitronenschale einrühren. In die Mitte der trockenen Zutaten eine Mulde machen und die flüssigen Zutaten hineingeben. Vorsichtig umrühren, bis alles gut vermischt ist, dabei aber nicht überschlagen.

4. Den Teig in die Papierförmchen füllen. Die Muffins im heißen Ofen (Mitte) ca. 20 Minuten backen, bis sie gut aufgegangen, goldbraun und fest sind.

5. Die Muffins 5 Minuten in der Form lassen und dann warm servieren oder auf einem Kuchengitter auskühlen lassen.

Weiße-
Schokomousse-Törtchen

Zutaten

♥

für 6 Portionen

40 g Schokolade (ca. 40 % Kakaoanteil) · 75 g Haferkekse ·
200 g weiße Schokolade · 225 g Erdbeeren · 200 g Doppelrahm-Frischkäse ·
200 g Crème fraîche · frische Minze zum Garnieren

Außerdem:

6 große Metallringe (Ø 7 cm)

VORBEREITEN:

Bis zu 12 Stunden im Voraus zubereiten, abdecken und in den
Ringen im Kühlschrank aufbewahren.

So geht's

1. Die Zartbitterschokolade über dem Wasserbad schmelzen. Die Kekse grob zerkleinern und mit der Schokolade vermengen. Metallringe auf ein mit Backpapier ausgelegtes Blech geben. Mit einem Löffel die Masse in die Ringe drücken. Im Kühlschrank fest werden lassen.

2. Die weiße Schokolade vorsichtig über dem Wasserbad schmelzen und etwas abkühlen lassen. Frischkäse und Crème fraîche hinzufügen und glattrühren.

3. Die Erdbeeren waschen, putzen und in dünne Scheiben schneiden. Ordentlich an den Seiten der Ringe anordnen und die Mousse-Mischung auf die Böden geben. Die Oberseiten vorsichtig glattstreichen. Kalt stellen, bis sie fest sind.

4. Die Törtchen auf Teller geben, Ringe entfernen und mit Minze dekorieren.

Flapjacks
Britische Müsliriegel

Zutaten
♥
für 12 Stück

4 EL Margarine · 4 gestrichene EL Zuckerrübensirup ·
85 g Zucker · 225 g Haferflocken · ½ TL Salz

So geht's

1. Den Ofen auf 170 °C (Ober-/Unterhitze)
   vorheizen. Eine quadratische, flache Form
   (20 x 20 cm) fetten.

2. Margarine und Sirup in einen Topf geben
   und bei niedriger Hitze schmelzen lassen.
   Vom Herd nehmen und Zucker, Haferflocken und Salz hinzufügen. Gründlich vermengen. Die Mischung in die Form geben
   und im heißen Ofen (Mitte) 30–40 Minuten
   backen, bis der Teig goldbraun ist.

3. 5 Minuten abkühlen lassen und noch warm
   in der Form in 12 Quadrate schneiden.
   Zum Auskühlen auf ein Tablett legen.

Einer unserer ersten Familienurlaube in Devon

Meine Schwester Tracey und ich – sie ist und war die perfekte große Schwester!

Tracey hat mich überallhin mitgenommen – hier zum Tennisspiel. Ich glaube, ich habe sie ab und zu richtig genervt (wie man auf dem Bild sieht).

Flap Jacks.

4 ozs margarine.

4 level tablespoons golden syrup.

3 oz granulated sugar.

8 oz rolled oats.

¼ teaspoon Salt.

Oven setting. Gas mark 3. 335°f.

Grease a square shallow tin, about 7½ inches.
Put margarine and syrup in a pan and leave over
a low heat until melted. Remove from heat and
add Sugar, oats and Salt.
Mix thoroughly.   Turn mixture into prepared
tin and cook for 30 - 40 minutes until golden
brown.
Leave to cool for 5 minutes then cut into 12
bars. Place on wine tray to finish cooling.

N.B.
Cut into Squares while still warm and in the tin

Sticky
Ginger Cookies

Zutaten
für 20 Stück

225 g weiche Butter · 140 g Zucker · 1 Eigelb ·
55 g in Sirup eingelegter Ingwer, plus 1 EL Sirup aus dem Glas ·
280 g Mehl · Salz · 55 g Zartbitterschokoladenstückchen

So geht's

1. Butter und Zucker in eine Schüssel geben und mit einem Holzlöffel gut verrühren, das Eigelb leicht verquirlen und zusammen mit dem Ingwersirup unterschlagen.

2. Das Mehl und 1 Prise Salz in die Mischung sieben. Den Ingwer grob hacken, Schokoladenstückchen hinzufügen und alles gut vermengen. Den Teig zu einer Rolle formen, in Frischhaltefolie wickeln und 30–60 Minuten kühlstellen.

3. Den Ofen auf 190 °C (Ober-/Unterhitze) vorheizen und zwei Backbleche mit Backpapier auslegen.

4. Den Teig aus der Folie nehmen und mit einem scharfen Messer in 5 mm dicke Scheiben schneiden. Mit genügend Abstand auf die Backbleche legen.

5. Im heißen Ofen 12–15 Minuten backen, bis sie goldbraun sind. Die Kekse 5–10 Minuten auf den Backblechen abkühlen lassen, dann vorsichtig auf ein Kuchengitter heben und vollständig auskühlen lassen.

Macadamia-
Karamell-Happen

Zutaten
♥

für 16 Stück

280 g Mehl · 275 g weicher, hellbrauner Zucker ·
230 g Butter, plus etwas mehr für die Form · 115 g Macadamianusskerne ·
200 g geraspelte Vollmilchschokolade

So geht's

1. Den Ofen auf 180 °C (Ober-/Unterhitze) vorheizen und eine rechteckige Backform (20 x 25 cm) fetten.

2. Das Mehl in eine Schüssel sieben und mit 175 g Zucker vermischen. Die Hälfte der Butter mit den Fingerspitzen einkneten, bis die Mischung feinen Brotkrümeln ähnelt. Diese auf den Boden der Form drücken. Die Macadamianüsse grob zerkleinern und darüberstreuen.

3. Restliche Butter und Zucker in einen Topf geben und die Mischung unter ständigem Rühren langsam zum Kochen bringen. 1 Minute unter ständigem Rühren kochen lassen, dann die Mischung vorsichtig über die Macadamianüsse gießen.

4. Im heißen Ofen (Mitte) ca. 20 Minuten backen, bis der Karamellbelag Bläschen bildet. Aus dem Ofen nehmen und sofort die Schokoladenraspeln gleichmäßig darüber streuen. 2–3 Minuten stehen lassen, bis die Schokolade zu schmelzen beginnt, dann die Schokolade mit einer Messerklinge verteilen. In der Form abkühlen lassen, zum Schluss in Quadrate schneiden.

Walnuss-
Blondies

für 8 Stück

115 g Butter, plus etwas mehr für die Form · 115 g weiße Schokolade · 75 g Walnusskerne ·
2 Eier · 115 g weicher hellbrauner Zucker ·
115 g Mehl · 1 TL Backpulver

So geht's

1. Den Ofen auf 180 °C (Ober-/Unterhitze) vorheizen. Eine quadratische Kuchenform (20 x 20 cm) fetten und mit Backpapier auslegen.

2. Schokolade und Walnüsse grob hacken. Butter und Zucker hell-cremig schlagen, die Eier einzeln unterrühren. Mehl und Backpulver mischen und unter die Buttermischung ziehen. Schokolade und Walnüsse unterheben. Die Masse in die vorbereitete Form geben und glattstreichen.

3. Im heißen Ofen (Mitte) 30–40 Minuten backen, bis der Teig gerade so fest geworden ist. Der Teig sollte in der Mitte noch ein wenig weich sein. In der Form abkühlen lassen, dann vor dem Servieren in Rechtecke schneiden.

Erdnuss-Brownies
mit weißen Bohnen

Zutaten
♥
für 16 Stück

3 Dosen weiße Bohnen (à 250 g Abtropfgewicht) · 3 Eier ·
3 EL Backkakao · 3 TL Backpulver · Salz · 120 g Zucker · Mark von 3 Vanilleschoten ·
90 g Vollmilch-Schokotropfen · 2 EL Erdnusscreme

So geht's

1. Den Ofen auf 180 °C Ober-/Unterhitze (160 °C Umluft) vorheizen und eine rechteckige Backform (20 x 25 cm) mit Backpapier auslegen.

2. Die Bohnen in ein Sieb geben, abspülen und abtropfen lassen. Mit Eiern, Kakao, Backpulver, 1 Prise Salz, Zucker und Vanillemark fein pürieren. Die Schokotropfen unter die Masse heben.

3. Den Teig gleichmäßig in der Form verteilen und glattstreichen. Die Erdnusscreme klecksartig auf dem Teig verteilen und zu Wirbeln vertreichen. Brownies im heißen Ofen (Mitte) 35–40 Minuten backen. Herausnehmen, ca. 15 Minuten auskühlen lassen und dann in Stücke schneiden.

Lebkuchen-häppchen

Zutaten

für 24 Stück

90 g Butter oder Margarine • 55 g dunkler Muscovadozucker •
5 EL Melasse • 1 Eiweiß • 1 TL Mandelextrakt • 175 g Mehl • ½ TL Natron •
½ TL Backpulver • Salz • ½ TL Lebkuchengewürz • ½ TL gemahlener Ingwer •
125 g gekochte, fein gehackte Tafeläpfel

So geht's

1. Den Ofen auf 180 °C (Ober-/Unterhitze) vorheizen und eine Backform (20 x 25 cm) mit Backpapier auslegen.

2. Butter, Zucker, Melasse, Eiweiß und Mandelextrakt zu einer glatten Masse verrühren. In einer separaten Schüssel Mehl, Natron, Backpulver, 1 Prise Salz und die Gewürze zusammensieben, zur Buttermischung geben und gründlich verrühren. Die gehackten Äpfel unterrühren. Die Mischung in der Form verteilen.

3. Im heißen Ofen (Mitte) ca. 30 Minuten backen, bis der Teig schön goldbraun ist. Herausnehmen und in Stücke schneiden. Auf einem Kuchengitter vollständig abkühlen lassen.

Süß
wie ein
Sommer-
tag

Seite 116

Summer Pudding

Seite 124

Milchreis-Torte mit Pfirsichen

Seite 130

Tarte au citron

Seite 132

Beeren-Quark-Torte

Manchmal können Kuchen schon etwas mächtig sein. An einem heißen Sommertag wollen wir alle aber etwas Anderes – und dafür sind diese Kuchen goldrichtig: Ich stelle euch hier wundervoll lockere Backwerke vor, die schön auf der Zunge zergehen. Genau das Richtige für eine Sommerparty mit Freunden und Familie. Ganz ohne Mühe zerfallen die Kuchen von allein im Mund. Versprochen: Die schmecken auch bei Sommerhitze!

In diesem Kapitel habe ich für euch die schönsten Rezepte mit Zitrusfrüchten und Beeren gesammelt, garniert mit einem großen Klecks Schlagsahne. Sie fühlen sich an wie ein leichter Sommerwind am Gaumen und erfrischen euch – wie zum Beispiel die Geeiste Käsesahnetorte oder der feine Summer Pudding. Und für ein bisschen Karibikflair sorgt die himmlische Himbeer-Kokos-Torte.

♥

Summer Pudding

Zutaten

für 1 kleine Kastenform (20 cm Länge)

350 g Brombeeren · je 350 g schwarze und rote Johannisbeeren ·
150 g Heidelbeeren · 350 g Zucker · 225 g Himbeeren ·
8 dünne Scheiben Toastbrot (ohne Kruste) · Beeren für die Dekoration

Vorbereitung:
Bis zu zwei Tage im Voraus zubereiten und im Kühlschrank aufbewahren.

Zum Einfrieren:
Abdecken und am Ende von Schritt 2 einfrieren. Über Nacht bei Raumtemperatur
auftauen lassen. Der Pudding wird nach dem Einfrieren ziemlich weich sein.

So geht's

1. Alle Früchte (außer die Himbeeren) mit 1 EL Wasser in einen Topf geben. Den Zucker hinzufügen und das Ganze zum Kochen bringen. Sanft köcheln lassen, bis die Früchte gerade so weich werden. Etwas abkühlen lassen und dann die Himbeeren hinzufügen.

2. Das Brot so zurechtschneiden, dass es auf den Boden und die Seiten der Form passt, bis etwa 5 cm über den Rand hinaus. Das Brot zuerst in den Saft tauchen und mit der eingelegten Seite nach außen die Form auslegen. Die Form knapp zur Hälfte mit den Beeren füllen, dann eine Schicht Brot darauf legen. Weitere Beeren daraufgeben und schließlich die letzten Brotscheiben oben noch mit Saft beträufeln. Es sollten etwa 200 ml Obst übrig bleiben, mit denen der Pudding serviert wird. Einen kleinen Teller obenauflegen, leicht andrücken, dann mit Frischhaltefolie abdecken und über Nacht in den Kühlschrank stellen.

3. In eine flache Schale stürzen, die etwas größer ist als der Sommerpudding, so dass der Saft aufgefangen wird. Mit den übrigen Früchten servieren.

Nicecream-
Torte

Zutaten
♥

für 1 Springform (Ø 26 cm)

12 reife Bananen · 1 EL Kokosraspel · 200 ml fettarme Milch ·
100 ml fettreduzierte Kokosmilch · 2 EL Backkakao

So geht's

1. Die Bananen schälen, in Scheiben schneiden und gleichmäßig auf 3 Gefrierbeutel verteilen. Ca. 4 Stunden gefrieren lassen.

2. Eine Springform mit Backpapier auslegen. Die Kokosraspeln 2–3 Minuten in einer Pfanne ohne Fett bei mittlerer Hitze goldgelb rösten und beiseitestellen. Eine Portion Bananen mit 100 ml Milch pürieren und auf dem Boden der Springform locker verstreichen. Ca. 15 Minuten ins Gefrierfach geben.

3. Eine weitere Portion Bananen mit Kokosmilch pürieren und auf der ersten Schicht verstreichen. 15 Minuten gefrieren lassen.

4. Die letzte Portion Bananen mit dem Rest Milch und dem Kakao pürieren. Auf die Kokosschicht geben und verstreichen. Mit Kokosraspeln bestreuen. Nochmal für ca. 30 Minuten ins Gefrierfach stellen.

Geeiste Käsesahnetorte

Für den Biskuitteig:

125 g Mehl · 35 g Speisestärke · 1 gestrichener TL Backpulver · 5 Eier · 150 g Zucker · Salz · 1 Pck. Vanillezucker

Für die Füllung:

7 Blatt Gelatine · 4 Eigelb · Mark von 1 Vanilleschote · 1 EL abgeriebene Schale von 1 Bio-Zitrone · 175 g Zucker · 250 ml Milch · 500 g Quark (20 % Fett i. Tr.) · 500 g Schlagsahne · 1 kg Erdbeeren · 6 EL Erdbeerkonfitüre

Außerdem:

1 TL Puderzucker zum Bestäuben

So geht's

1. Den Ofen auf 180 °C Ober-/Unterhitze (160 °C Umluft) vorheizen.

2. Mehl, Stärke und Backpulver mischen. Eier trennen. Eigelbe, 2 EL heißes Wasser und 75 g Zucker cremig rühren. Eiweiße mit 1 Prise Salz steif schlagen, dabei 75 g Zucker und Vanillezucker einrieseln lassen. Schlagen, bis sich der Zucker aufgelöst hat. Eischnee und Mehlmischung auf die Eigelbcreme geben, vorsichtig unterheben. In zwei mit Backpapier ausgelegte Springformen geben und verstreichen. Nacheinander im heißen Ofen (Mitte) ca. 20 Minuten backen, auskühlen lassen.

3. Für die Füllung Gelatine ca. 10 Minuten in kaltem Wasser einweichen. Inzwischen Eigelbe, Vanillemark, Zitronenabrieb und Zucker cremig rühren. Milch aufkochen, vom Herd ziehen und nach und nach unter die Eigelbcreme rühren. Alles zurück in den Topf gießen und unter Rühren erhitzen (nicht kochen), bis die Creme dicklich wird. In eine Schüssel umfüllen. Gelatine ausdrücken und in der Creme auflösen, etwas abkühlen lassen. Quark durch ein Sieb streichen und unterrühren. Sahne steif schlagen und ebenfalls unterheben.

4. Erdbeeren waschen, putzen, trocken tupfen. Ein Viertel in dünne Scheiben schneiden, zugedeckt kalt stellen. Restliche Erdbeeren vierteln und unter die Creme heben.

5. Beide Biskuitböden mit Konfitüre bestreichen. Den ersten Boden mit der Konfitürenseite nach oben auf eine Platte legen, mit einem Tortenring umstellen. Creme daraufstreichen. Zweiten Boden auflegen, leicht andrücken. Torte mit Folie bedeckt für mindestens 3 Stunden ins Gefriergerät stellen und anfrieren lassen. Mit Puderzucker bestäuben und mit den Erdbeerscheiben garnieren.

Himbeer-
Kokos-Torte

Zutaten
♥
für 1 Torte (Ø 22 cm)

Für den Boden:
100 ml Kokoslikör (alternativ Kokosmilch) · 4 EL Milch · 150 g Löffelbiskuits

Für die Füllung:
2 gehäufte EL Sofort-Gelatine · 75 g Zucker · 200 g saure Sahne · 500 g Sahne ·
4 EL Kokosraspel · 250 g Himbeeren (alternativ TK-Himbeeren)

Außerdem:
50 g Himbeeren · 40 g Schoko-Himbeeren (ganze gefriergetrocknete Himbeeren
in Schokolade, z. B. aus dem Reformhaus)

So geht's

1. Einen Tortenring (Ø 22 cm) auf eine Tortenplatte stellen. Likör und Milch verrühren. 50 g Löffelbiskuits klein schneiden,
   mit etwas Likörmischung beträufeln, beiseitestellen. Die restlichen Biskuits in den
   Tortenring legen und mit dem Rest der
   Likörmischung beträufeln.

2. Gelatine und Zucker mischen. Saure Sahne
   und Sahne zusammen steif schlagen, dabei
   die Gelatinemischung einrieseln lassen.
   Zum Schluss 2 EL Kokosraspeln und die
   Löffelbiskuitstücke vorsichtig unterheben.

3. Die Himbeeren verlesen, waschen und
   auf den Löffelbiskuits verteilen. Die Creme daraufgeben und verstreichen. Mit
   2 EL Kokosraspeln bestreuen und die
   Torte über Nacht kalt stellen.

4. Vor dem Servieren den Tortenring
   entfernen. Die Himbeeren verlesen und
   waschen, die Schoko-Himbeeren halbieren und die Torte damit verzieren.

Milchreis-Torte
mit Pfirsichen

Zutaten
♥
für 1 Torte (Ø 22 cm)

Für den Keksboden:
130 g Butterkekse · 80 g Butter · 20 g Zucker

Für die Milchreisfüllung:
500 ml Milch · 125 g Milchreis · 80 g Zucker · 1 Pck. Vanillezucker · ½ TL gemahlener Zimt ·
6 Blatt Gelatine · 2 Eier · Salz · 200 g Sahne · 200 g Magerquark

Für den Guss:
1 Pck. weißer Tortenguss · 250 ml Pfirsichsaft · 30 g Zucker

Außerdem:
5 Pfirsiche (etwa 500 g) · Melisseblättchen zum Verzieren

So geht's

1. Butterkekse in einen Gefrierbeutel geben und mit dem Nudelholz fein zerkrümeln. Die Butter in einem Topf zerlassen, mit den Kekskrümeln und dem Zucker mischen. Die Krümelmasse in einen Tortenring (Ø 22 cm) geben und zu einem Boden andrücken. Kühlstellen.

2. Die Milch aufkochen. Reis, 30 g Zucker, Vanillezucker und Zimt hinzufügen und unter gelegentlichem Rühren zugedeckt bei schwacher Hitze ca. 25 Minuten ausquellen lassen.

3. Die Gelatine in kaltem Wasser 10 Minuten einweichen. Eier trennen. Eigelbe und 20 g Zucker verrühren und unter den Milchreis heben. Gelatine ausdrücken, unter den Milchreis rühren und auflösen. Ca. 1 Stunde kalt stellen, bis die Masse zu gelieren beginnt.

4. Inzwischen Eiweiße mit 1 Prise Salz und 30 g Zucker steif schlagen. Sahne ebenfalls steif schlagen. Erst den Quark, dann den Eischnee und die Sahne vorsichtig unter die Reismasse heben. Die Masse auf dem Keksboden verstreichen und die Torte ca. 2 Stunden kalt stellen.

5. Zum Fertigstellen die Pfirsiche waschen, halbieren, entsteinen und in dünne Spalten schneiden. Die Pfirsichstreifen dekorativ auf der Oberfläche der Torte verteilen. Aus Tortenguss, Saft und Zucker nach Packungsanweisung einen Guss zubereiten. Die Pfirsiche damit überziehen, den Guss fest werden lassen. Vor dem Servieren mit Melisseblättchen verzieren.

Himbeer-
Baiser-Roulade

Zutaten

für 1 Roulade

Für das Baiser:

5 Eiweiß · 150 g Zucker · 1 EL Speisestärke · 2–3 EL Mandelblättchen ·
Puderzucker zum Bestäuben

Für die Füllung:

175 g Himbeeren · 300 g Sahne ·
2 gestrichene EL Puderzucker

So geht's

1. Den Ofen auf 100 °C (Ober-/Unterhitze) vorheizen.

2. Für die Baisermasse die Eiweiße steif schlagen. Nach und nach etwa die Hälfte des Zuckers esslöffelweise unter Rühren einrieseln lassen. Den restlichen Zucker und die Speisestärke schnell einrühren.

3. Die Masse auf ein mit Backpapier ausgelegtes Blech geben und auf eine Größe von 33 x 21 cm verstreichen. Mit den Mandeln bestreuen und im heißen Ofen (Mitte) 45–55 Minuten backen, bis der Teig sich gerade so fest anfühlt.

4. Herausnehmen und mindestens 1 Stunde abkühlen lassen. Baiser auf ein mit Puderzucker bestäubtes Backpapier stürzen und das Backpapier abziehen.

5. Die Himbeeren waschen und verlesen. Die Sahne mit dem Puderzucker schlagen, bis sie weiche Spitzen bildet, und auf dem Baiser verteilen. Die Himbeeren darüberstreuen. Von einer Seite aufrollen, dabei das Papier zur Hilfe nehmen.

ROSS' TIPP

Das Rezept ist nicht ganz easy, aber don't worry: Am besten macht ihr den Teig einen Tag vorher und am nächsten dann die Füllung.

Was ich an meiner Oma immer geliebt habe, war, wie toll sie aussah. Immer topgepflegt, schöne Haare, Schmuck, Outfit. Eine richtige Lady.

Urlaub in Torquay – auch die „Englische Riviera" genannt.

Dieses Bild von meiner Mama hat mein Papa in Porthmadog geschossen. Ist sie nicht wunderschön?

Mit 15 in Singapur. Die Reisen mit meiner Familie waren immer besonders, weil mein Papa wollte, dass jede Reise unvergesslich ist.

Mama und ich auf Sentosa (Singapur). Wir sind mit der Seilbahn gefahren und waren im Zoo – was für ein toller Tag!

Tarte au citron

Zutaten
♥

für 1 Tarte-Form (Ø 26 cm)

Für den Teig:

230 g Mehl, plus etwas mehr zum Arbeiten · ½ TL Salz ·
150 g kalte Butter · 1 Eigelb (Größe L)

Für die Füllung:

abgeriebene Schale von 3 großen Bio-Zitronen · 180 ml Zitronensaft ·
130 g Zucker · 175 g Crème double (alternativ Crème fraîche) · 4 Eier (Größe L) ·
4 Eigelb (Größe L)

Außerdem:

Puderzucker zum Bestäuben · Himbeeren zum Servieren

So geht's

1. Für den Teig Mehl und Salz in eine große Schüssel sieben. Die Butter in Würfeln hinzufügen und mit den Fingerspitzen kneten, bis die Mischung feinen Brotkrümeln ähnelt. Das Eigelb mit 2 EL eiskaltem Wasser verquirlen, hinzufügen und alles verrühren. Den Teig zu einer Kugel formen, in Frischhaltefolie wickeln und mindestens 1 Stunde kühlstellen.

2. Den Ofen auf 200 °C (Ober-/Unterhitze) vorheizen. Den Teig auf einer leicht bemehlten Arbeitsfläche ausrollen und die Tarte-Form damit auslegen. Den Boden mit einer Gabel einstechen und mit Backpapier und Backbohnen auslegen.

3. Im heißen Ofen (Mitte) 15 Minuten blindbacken, bis der Teig fest aussieht. Herausnehmen, Papier und Bohnen entfernen. Ofentemperatur auf 190 °C reduzieren.

4. Zitronenschale, Zitronensaft und den Zucker vermengen. Langsam die Crème double hineinschlagen, dann nacheinander die Eier und Eigelbe. Die Füllung auf dem Boden verteilen. Die Tarte 20 Minuten backen, bis die Füllung fest geworden ist.

5. Auf einem Kuchengitter vollständig abkühlen lassen. Mit Puderzucker bestäuben und mit Himbeeren servieren.

Beeren-Quark-Torte

für 1 Springform (Ø 26 cm)

Für den Teig:

250 g Mehl, plus etwas mehr zum Arbeiten · 60 g Zucker · 1 TL Vanillezucker ·
125 g weiche Butter, plus etwas mehr für die Form · 1 Ei

Für die Füllung:

250 g gemischte Beeren (frisch oder TK, z. B. Himbeeren, Brombeeren, Johannisbeeren) ·
2 Bio-Zitronen · 750 g Magerquark · 250 g Zucker · 1 TL Vanillezucker ·
500 g kalte Sahne · 30 g pflanzliches Geliermittel

Außerdem:

Puderzucker zum Bestäuben (nach Belieben)

So geht's

1. Den Ofen auf 180 °C Ober-/Unterhitze (160 °C Umluft) vorheizen.

2. Alle Teigzutaten in eine Schüssel geben. Mit den Knethaken des Handrührgeräts erst auf niedrigster, dann auf höchster Stufe zu einem glatten Teig verarbeiten. Eine Springform ausfetten. Den Teig halbieren und auf wenig Mehl zu zwei Kreisen in Größe der Form ausrollen. Den ersten Kreis auf den Springformboden legen, Springformrand darum schließen. Im heißen Ofen (Mitte) ca. 18 Minuten backen.

   Den Boden dann mit einem langen Messer oder einer Palette vom Springformboden lösen und auf einem Kuchengitter auskühlen lassen.

3. Die Springform säubern und nochmal fetten. Den zweiten Boden hineinlegen und ca. 18 Minuten backen. Herausnehmen, vom Springformboden lösen, sofort in 16 Stücke schneiden und auf einem Kuchengitter auskühlen lassen.

4. Für die Füllung die Beeren verlesen und waschen. 1 Zitrone heiß waschen, abtrocknen und 1 TL Schale abreiben. Quark mit Zucker, Vanillezucker und Zitronenschale verrühren. Sahne steif schlagen. Den Saft der Zitronen auspressen, mit Wasser auf 500 ml auffüllen und mit dem Geliermittel verrühren, unter Rühren aufkochen und direkt in den Quark einrühren. Sahne vorsichtig unterheben. Ein Viertel der Masse mit den Beeren mischen.

5. Den ungeteilten Boden auf eine Tortenplatte legen und mit dem gesäuberten Springformrand umschließen. Die Hälfte der weißen Creme daraufstreichen, dann die Beerencreme darauf verteilen. Mit der restlichen weißen Creme abschließen. Den in Tortenstücke geteilten Boden darauflegen. Torte über Nacht in den Kühlschrank stellen. Zum Servieren nach Belieben mit Puderzucker bestäuben.

Erdbeer-Marzipan-Tarte

Zutaten
♥

für 1 Tarte-Form (Ø 26 cm)

1 Pck. frischer Blätterteig (270 g; Kühlregal) · 500 g Erdbeeren ·
75 g Marzipan-Rohmasse · 25 g Crème double · 1 Ei

Außerdem:

Fett für die Form · Mehl zum Ausrollen ·
2–3 EL Sahne zum Bestreichen

So geht's

1. Blätterteig aus dem Kühlschrank nehmen und in der Packung ca. 10 Minuten ruhen lassen. Den Ofen auf 200 °C Ober-/Unterhitze (175 °C Umluft) vorheizen. Die Tarte-Form einfetten.

2. Blätterteig auf dem Backpapier entrollen, mit Wasser bestreichen, quer zusammenklappen und das Backpapier abziehen. Teig auf einer leicht bemehlten Arbeitsfläche dünn ausrollen. Daraus einen Kreis (Ø 32 cm) schneiden und so in die Form legen, dass etwas Teig übersteht.

3. Erdbeeren waschen, putzen und vierteln. Marzipan in eine Schüssel raspeln, mit Crème double und Ei verrühren. Die Marzipanmasse auf den Blätterteigboden streichen und mit Erdbeeren belegen. Überlappenden Teig nach innen auf die Erdbeeren legen und mit Sahne bestreichen. Tarte im heißen Ofen (unten) in ca. 25 Minuten goldbraun backen.

Passionsfrucht–
Tarte

Zutaten

für 1 rechteckige Tarte-Form (12 x 35 cm)

Für den Zitronen-Mürbeteig:

320 g Mehl · 160 g Butter, plus etwas mehr für die Form ·
2 ½ EL Zucker · 1 EL abgeriebene Orangenschale · 1 EL abgeriebene Zitronenschale

Für die Füllung:

Fruchtfleisch von 7–8 Passionsfrüchten · 260 g Zucker · 160 ml Orangensaft ·
2 ½ TL abgeriebene Orangenschale · 5 Eier · 225 g Sahne · Puderzucker zum Bestäuben

Außerdem:

Crème fraîche zum Servieren

So geht's

1. Den Ofen auf 200 °C (Ober-/Unterhitze) vorheizen und die Tarte-Form fetten.

2. Für den Teig das Mehl in eine Schüssel sieben, die Butter in Stücken dazugeben und mit den Fingerspitzen einkneten. Zucker, Orangen- und Zitronenschale und so viel eiskaltes Wasser hinzufügen, dass ein glatter Teig entsteht. Leicht durchkneten und zu einer Kugel formen. In Backpapier oder Frischhaltefolie wickeln und mindestens 30 Minuten kühlstellen.

3. Den Teig auf einer leicht bemehlten Fläche ausrollen und die Tarte-Form damit auslegen. Mit Backpapier und Backbohnen füllen. Im heißen Ofen (Mitte) 10 Minuten blindbacken, dann herausnehmen und Papier und Bohnen entfernen.

4. Für die Füllung das Passionsfruchtfleisch mit Zucker, Orangensaft und -schale, Eiern und Sahne verrühren. Die Füllung auf den Teig geben und verstreichen. Die Ofentemperatur auf 190 °C reduzieren und die Tarte 15–20 Minuten backen, bis die Füllung fest ist. Die Tarte mit Puderzucker bestreuen und unter den Ofengrill geben, bis der Zucker geschmolzen und goldbraun ist.

5. In Stücke schneiden und mit Crème fraîche servieren.

Rhabarber-
Erdbeer-Torte

Zutaten

für 1 Springform (Ø 26 cm)

Für den Teig:

250 g Butter, plus etwas mehr für die Form · 250 Zucker · 4 Eier · 125 ml Milch ·
500 g Mehl · 1 Pck. Backpulver · 250 g Rhabarber · 1 Pck. Vanillezucker

Für den Belag:

500 g Erdbeeren · 8 Blatt Gelatine · 500 g Joghurt ·
80 g Zucker · 2 Pck. Vanillezucker · 400 g Sahne · 1 Pck. roter Tortenguss

Außerdem:

50 g Pistazienkerne (nach Belieben)

So geht's

1. Den Ofen auf 180 °C Ober-/Unterhitze (160 °C Umluft) vorheizen. Butter und Zucker cremig rühren, die Eier nacheinander unterrühren, dann die Milch. Mehl und Backpulver mischen und ebenfalls unterrühren. Den Teig in eine gefettete, mit Backpapier ausgelegte Springform geben und glattstreichen.

2. Rhabarber waschen, sehr gut abtropfen lassen und die Enden abschneiden. Wenn sich dabei Fäden lösen, diese gleich mit abziehen. Rhabarberstangen in ca. 3 cm lange Stücke schneiden, mit Vanillezucker mischen, ringförmig in den Teig stecken, am Rand 2 cm frei lassen. Im heißen Ofen (Mitte) ca. 25 Minuten backen und vollständig auskühlen lassen.

3. Kuchen aus der Springform lösen und auf eine Platte legen. Mit einem hohen Tortenring umstellen. Für den Belag Erdbeeren waschen, putzen und in Stifte schneiden. Gelatine 10 Minuten in kaltem Wasser einweichen. Den Joghurt mit 50 g Zucker und Vanillezucker verrühren. Die Sahne steif schlagen.

4. Gelatine tropfnass in einen kleinen Topf geben und bei schwacher Hitze unter Rühren auflösen. Die aufgelöste Gelatine mit 2 EL Joghurt verrühren, die Mischung zum restlichen Joghurt geben, dann die Sahne unterheben. Zwei Drittel der Creme mit den Erdbeerstiften mischen, auf den Tortenboden geben und glatt streichen. Die restliche Creme behutsam auf der Erdbeer-Joghurt-Creme verteilen und ebenfalls glattstreichen.

5. Den Guss nach Packungsanleitung mit dem restlichen Zucker und 250 ml Wasser zubereiten. Auf die Torte gießen, sodass eine Marmor-Optik entsteht. Die Torte mindestens 3 Stunden kalt stellen. Zum Fertigstellen die Torte aus dem Ring lösen. Wer möchte, hackt noch Pistazien fein und verziert damit den Rand.

Wenn Besuch kommt

Seite 144

Biskuitrolle mit Kirschen

Seite 146

Wickeltorte mit Apfel

Seite 162

Mandelkrokant auf Honigcreme

Seite 164

Rumgetränkter Weihnachtskuchen

Wenn Gäste kommen, überrasche ich sie gern mit einem Kuchen mit Wow-Faktor. Und hier findet ihr jede Menge davon! Die Rezepte sind nicht unbedingt schwierig, aber sie haben trotzdem einen ganz tollen visuellen Effekt, wie zum Beispiel mein Naked Cake oder die Wickeltorte. Das dürft ihr natürlich keinem verraten: Sie machen alle viel her, kosten aber in der Herstellung kaum Mühe. Mit den richtigen Tricks sind sie im Handumdrehen gezaubert. Sie beeindrucken nicht nur, sie schmecken auch genauso fantastisch, wie sie aussehen.

Dinner mit Freunden oder große Feiern wie Weihnachten sind ab sofort ein Klacks für euch: Ich liefere euch in diesem Kapitel gleich zwei großartige Rezepte für einen unglaublichen Christmas Cake. Da leuchten nicht nur die Wunderkerzen, sondern auch die Augen von allen, die diese Kuchen sehen und probieren dürfen.

♥

Biskuitrolle
mit Kirschen

Zutaten

für 1 Roulade

Für den Teig:

75 g Zartbitterschokolade · 5 Eier · Salz · 175 g Zucker ·
100 g Mehl · 75 g Speisestärke · 1 TL Backpulver

Für die Füllung:

750 g Kirschen (alternativ aus dem Glas, 500 g Abtropfgewicht) · 6 Blatt Gelatine ·
400 g Sahne · 3 Pck. Vanillezucker · 25 g Zucker · 500 g Joghurt (10 % Fett)

Außerdem:

Zucker zum Stürzen · 3 EL Kirschkonfitüre · 1 Spritzbeutel mit kleiner Lochtülle ·
3 EL geraspelte Zartbitterschokolade

So geht's

1. Den Ofen auf 200 °C Ober-/Unterhitze vorheizen (180 °C Umluft).

2. Für den Biskuit die Schokolade über dem Wasserbad schmelzen. Die Eier trennen, Eiweiße mit 1 Prise Salz und dem Zucker steif schlagen. Die Eigelbe einzeln unterrühren. Die geschmolzene Schokolade unterziehen. Mehl mit Stärke und Backpulver mischen, über die Creme sieben und unter den Teig rühren.

3. Die Masse auf einem mit Backpapier ausgelegten Blech verstreichen und ca. 10 Minuten im heißen Ofen (Mitte) backen. Herausnehmen, die Biskuitplatte auf ein mit Zucker bestreutes Geschirrtuch stürzen. Backpapier abziehen, Biskuit mit dem Tuch von der Längsseite aus aufrollen. Auskühlen lassen.

4. Für die Füllung die Kirschen waschen, entsteinen und abtropfen lassen. 16 Kirschen für die Garnitur beiseitestellen. Gelatine in kaltem Wasser einweichen. Die Sahne mit dem Vanillezucker sowie dem Zucker steif schlagen. Die Hälfe zum Garnieren kalt stellen. Joghurt glattrühren. Die Gelatine ausdrücken, in einen kleinen Topf geben und bei schwacher Hitze unter Rühren auflösen. Mit 2 EL Joghurt verrühren, dann die Mischung zum restlichen Joghurt geben und unterrühren. Die restliche Sahne unterheben.

5. Den Biskuit auseinanderrollen und mit zwei Drittel der Joghurtcreme bestreichen. Die Kirschen darüber verteilen, zur Roulade aufrollen, mit der restlichen Creme bestreichen, 3 Stunden kalt stellen.

6. Konfitüre erwärmen, über die beiseitegestellten Kirschen geben. Mit dem Spritzbeutel die übrige Sahne in Tupfen auf die Biskuitrolle spritzen und diese mit Kirschen und Schokoraspeln garnieren.

Wickeltorte
mit Apfel

Zutaten
♥

für 1 Torte (Ø 24 cm)

Für den Teig:

4 Eier • 2 Eigelbe • 125 g Zucker •
1 Pck. Vanillezucker • 125 g Mehl • ½ TL Backpulver

Für die Creme:

7 Blatt Gelatine • 1 Bund Zitronenmelisse • 5 EL + 200 ml Apfelsaft •
250 ml Cider (alternativ Apfelsaft) • 250 g Sahne • 70 g Zucker

Außerdem:

70 g Zucker • Saft von 1 Zitrone • 1 Apfel • 45 ml Apfelsaft •
40 g kandierter Ingwer • 250 g Sahne • ⅓ Fläschchen Zitronenaroma •
10 g gehackte Pistazienkerne

So geht's

1. Den Ofen auf 200 °C Ober-/Unterhitze
(180 °C Umluft) vorheizen.

2. Für den Biskuit Eier, Eigelbe, Zucker, Vanillezucker schaumig schlagen. Mehl und
Backpulver mischen und vorsichtig unterheben. Die Masse auf ein mit Backpapier
ausgelegtes Backblech geben und glattstreichen. Im heißen Ofen (Mitte) ca.
12 Minuten backen. 20 g Zucker auf ein
Geschirrtuch streuen, den Biskuit darauf
stürzen. Backpapier vorsichtig abziehen
und das Tuch über die Teigränder schlagen. Biskuit auskühlen lassen.

3. Für die Creme Gelatine in kaltem Wasser
10 Minuten einweichen. Zitronenmelisse
waschen und trocken schütteln, die Blätter
abzupfen und hacken. Ausgedrückte
Gelatine mit 5 EL Apfelsaft in einem Topf
auflösen. 200 ml Saft und Cider einrühren, ca. 15 Minuten kalt stellen. Inzwischen
Sahne mit dem Zucker steif schlagen. Sobald die Apfelsaft-Cider-Mischung zu gelieren beginnt, Sahne und Melisse unterheben. Nochmal ca. 10 Minuten kalt
stellen, bis die Creme anfängt zu gelieren.

4. Creme gleichmäßig auf die Biskuitplatte streichen. Biskuit in 6 cm breite Streifen schneiden. Den ersten Streifen vorsichtig aufrollen und in die Mitte eines Tortenrings setzen. Die übrigen Streifen spiralartig darumlegen, den Tortenring zuziehen. 3 Stunden kalt stellen.

5. Zitrone auspressen, Apfel schälen, vierteln, das Kerngehäuse entfernen und den Apfel in Spalten schneiden. Apfelsaft mit Zitronensaft und 30 g Zucker aufkochen, Äpfel darin ca. 3 Minuten dünsten. Apfelspalten herausnehmen, abtropfen und abkühlen lassen.

6. Den Ingwer sehr klein schneiden. Sahne mit übrigem Zucker und Zitronenaroma steif schlagen. Torte aus dem Tortenring lösen und mit zwei Dritteln der Sahne einstreichen. Mit einem Spritzbeutel mit Lochtülle aus der restlichen Sahne auf die Torte 12 Tupfen spritzen, mit Apfelspalten, Ingwer und Pistazien dekorieren.

Kirsch-Mandel-Tarte

Zutaten

für 1 tiefe Pie- oder Tarte-Form (Ø 26 cm)

Für den Teig:

130 g Butter, plus etwas mehr für die Form · 260 g Vollkornmehl, plus etwas mehr zum Arbeiten · 60 g Puderzucker · 2 Eigelb

Für die Füllung:

3 ½ EL Aprikosenkonfitüre · 130 g Butter · 130 g Zucker · 2 Eier · 130 g gemahlene Mandeln · 600 g Kirschen (ohne Stein)

Außerdem:

Puderzucker zum Bestäuben · geschlagene Sahne zum Servieren

So geht's

1. Den Ofen auf 190 °C (Ober-/Unterhitze) vorheizen und die Pie-Form fetten.

2. Für den Teig die Butter mit dem Mehl verkneten, sodass feine Krümel entstehen. Puderzucker, verquirltes Eigelb und genügend Wasser zum Binden (ca. 1 ½ EL) hinzugeben. Verkneten, zu einer Kugel formen, in Frischhaltefolie wickeln und 30 Minuten im Kühlschrank ruhen lassen.

3. Auf einer leicht bemehlten Fläche den Teig ausrollen und die Form damit auslegen. Den Boden mit einer Gabel einstechen, mit der Aprikosenkonfitüre bestreichen und kühlstellen.

4. Butter und Zucker hell und schaumig schlagen. Die Eier hinzugeben und schlagen, bis alles gut vermischt ist. Die Mandeln zügig einrühren, Füllung in die Form geben und glattstreichen.

5. Die Kirschen sauber in den Teig drücken und den Kuchen im heißen Ofen ca. 45 Minuten backen. Die Füllung wird dabei deutlich aufgehen.

6. Mit Puderzucker bestäuben und warm mit Sahne servieren.

Erdbeer-
Marzipan-Torte

Zutaten
♥

für 1 Springform (Ø 26 cm)

3 Eier · 120 g Zucker · 90 g Mehl · 2 TL Backpulver
· etwas Butter für die Form · 20 g Backkakao

Für die Füllung:

500 g Erdbeeren · 750 g kalte Sahne · 3 Pck. Sofort-Gelatine · 3 Pck. Vanillezucker

Außerdem:

150 g Erdbeerkonfitüre · 1 Marzipandecke (300 g; Fertigprodukt)
25 g geraspelte weiße Schokolade

So geht's

1. Den Ofen auf 180 °C Ober-/Unterhitze (160 °C Umluft) vorheizen. Eier mit dem Zucker schaumig schlagen. Mehl, Backpulver und Kakao vermengen, daraufsieben und unterheben. Den Teig in einer mit Backpapier ausgelegten Springform glattstreichen. Im heißen Ofen (Mitte) ca. 30 Minuten backen. Biskuit herausnehmen, aus der Form lösen und auskühlen lassen. Backpapier abziehen. Den Biskuit einmal quer durchschneiden. Einen Boden auf eine Tortenplatte legen, einen Tortenring darumlegen.

2. Die Erdbeeren waschen und putzen. 6 Früchte zum Verzieren beiseitestellen, den Rest in dünne Scheiben schneiden.

Sahne mit Sofort-Gelatine steif schlagen, Vanillezucker dabei einrieseln lassen. Ein Drittel der Sahne auf den unteren Boden geben und verstreichen. Die Hälfte der Erdbeeren darauf verteilen. Mit dem zweiten Drittel der Sahne bestreichen. Restliche Erdbeerscheiben darauflegen. Restliche Sahne draufgeben und verstreichen. Zweiten Boden auflegen, leicht andrücken. Mindestens 1 Stunde kalt stellen.

3. Den Tortenring entfernen. Die Torte rundum mit Konfitüre bestreichen. Marzipandecke auflegen, an den Seiten andrücken. Mit Schokoladenraspeln und den beiseitegestellten Erdbeeren garnieren.

Himbeer-
Mascarpone-Torte

Zutaten

für 1 Springform (Ø 26 cm)

Für den Teig:

6 Eier · 180 g Zucker · 1 Pck. Vanillezucker ·
80 g Mehl · 80 g Speisestärke · 60 g Backkakao

Für die Füllung:

500 g Himbeeren · 2 Eigelb · 50 g Zucker · 1 Pck. Vanillezucker ·
150 g weiße Schokotröpfchen · 500 g Mascarpone · 500 g Sahne · 3 Pck. Sahnesteif

Außerdem:

Fett für die Form · 100 g Himbeerkonfitüre ·
50 g geraspelte weiße Schokolade

So geht's

1. Den Boden der Springform fetten. Den Ofen auf 175 °C Ober-/Unterhitze (155 °C Umluft) vorheizen.

2. Für den Boden die Eier trennen. Die Eigelbe mit der Hälfte des Zuckers und dem Vanillezucker schaumig rühren. Eiweiße mit der anderen Hälfte des Zuckers steif schlagen, vorsichtig unter die Eigelbmasse heben. Mehl, Stärke und Kakao mischen, darüber sieben und unterheben. Biskuitteig in die Springform füllen und ca. 30 Minuten backen (2. Schiene von unten). Biskuit leicht abkühlen lassen, aus der Form lösen und auf ein Kuchengitter stürzen. Mindestens 2 Stunden abkühlen und ruhen lassen.

3. Für die Füllung die Himbeeren verlesen und waschen. Eigelbe mit Zucker und Vanillezucker über dem Wasserbad weißschaumig schlagen. Die Schokolade darin schmelzen. Vom Wasserbad nehmen und den Mascarpone unterrühren. Sahne mit Sahnesteif steif schlagen und vorsichtig unterheben. Die Himbeeren unterheben.

4. Den Biskuitboden quer in 2 dünne und 1 dicken Boden schneiden. 1 dünnen Boden mit Konfitüre bestreichen. Den anderen dünnen Boden auflegen. Einen Tortenring darumlegen und die Creme einfüllen. Dicken Boden auflegen und leicht andrücken. Über Nacht kühlstellen. Zum Servieren mit Schokoladenraspeln bestreuen.

Waldfrüchte-
Pavlova

Zutaten

für 1 Pavlova

Für den Teig:

6 Eiweiß · 350 g Zucker · 1 TL Branntweinessig · 1 TL Speisestärke

Für die Füllung:

1 Pck. TK-Waldfrüchte · 300 ml Crème double

So geht's

1. Den Ofen auf 100 °C (Ober-/Unterhitze) vorheizen. Ein Backblech mit Backpapier auslegen und einen Kreis (ca. Größe eines großen Esstellers) darauf markieren.

2. Das Eiweiß sehr steif schlagen. Den Zucker einrieseln lassen und weiterschlagen. Essig und Speisestärke unterheben.

3. Das Baiser zügig auf den auf Backpapier markierten Kreis streichen, bis kurz vor den Umriss, und in der Mitte eine leichte Mulde für die Füllung machen.

4. Im heißen Ofen (Mitte) 1 ½ Stunden backen, dann den Ofen ausschalten und die Baisermasse im Ofen vollständig abkühlen lassen. Man kann das Baiser auch bereits 2–3 Tage im Voraus zubereiten und, in Folie gewickelt, in einer luftdichten Dose aufbewahren.

5. Zum Servieren die Waldfrüchte auftauen und abtropfen lassen. Die Crème double aufschlagen und ca. 1–2 Stunden vor dem Servieren in die Mitte der Pavlova füllen. Kurz vor dem Servieren die Waldfrüchte auf die Sahne schichten.

Das ist das Lieblingsrezept meiner Mama – und es ist absolut wetterabhängig. Wenn es zu feucht draußen ist, wird es nicht funktionieren. Meine Mama sagt immer: Ein Baiser darf nicht sanft und friedlich sein. Deshalb verwendet man Essig oder Zitronensaft, um die knusprige Konsistenz zu erreichen. Gebt die Früchte deshalb auch erst auf den Kuchen, wenn alles ganz trocken ist.

Der erste Besuch mit Paul bei meinen Eltern. Sie haben ihn sofort ins Herz geschlossen.

Mein Ein und Alles – mein Dad.

3/34

Den Hochzeitskuchen meiner Eltern hat meine Oma gebacken – ein englischer Fruit Cake!

Mein erster Besuch in Australien. Ich war 2 Jahre alt und wir haben „down under" Weihnachten gefeiert.

Power-Frauen unter sich: meine Mama (hinten rechts), meine Oma (vorne Mitte) und meine Tanten Diane, Pamela und Daphne.

Beerentorte
mit Schokoglasur

Zutaten
♥

für 1 Springform (Ø 26 cm)

Für den Teig:

50 g Butter, plus etwas mehr für die Form · 5 Eier · 150 g Zucker · 1 Pck. Vanillezucker ·
1 TL abgeriebene Zitronenschale · 125 g Mehl · 75 g Speisestärke ·
1 gestrichener TL Backpulver

Für die Füllung:

250 g Himbeeren · 250 g Brombeeren · 2 Pck. Tortencreme mit Vanillegeschmack ·
400 g sehr weiche Butter · 600 ml kalte Milch · rote Speisefarbe

Für die Ganache:

150 g Zartbitterkuvertüre · 100 g Sahne

So geht's

1. Den Ofen auf 180 °C Ober-/Unterhitze vorheizen (160 °C Umluft).

2. Für den Teig die Butter zerlassen, abkühlen lassen. Eier ca. 1 Minute schaumig schlagen. Zucker, Vanillezucker und Zitronenschale unter Rühren in ca. 1 Minute einstreuen, ca. 2 Minuten weiterschlagen. Mehl, Stärke und Backpulver mischen, in zwei Portionen unter die Creme rühren. Butter kurz unterrühren. Den Teig in eine mit Backpapier ausgelegte und an den Rändern gefettete Springform füllen.

   Im heißen Ofen (Mitte) ca. 30 Minuten backen. Boden aus der Form lösen, auf ein mit Backpapier belegtes Kuchengitter stürzen und erkalten lassen.

3. Für die Füllung die Beeren verlesen und waschen. 100 g Brombeeren und 50 g Himbeeren für die Dekoration beiseitelegen. Tortencremepulver, Butter und Milch in eine Schüssel geben, mit einem Handrührgerät zunächst auf niedrigster Stufe verrühren, dann auf höchster Stufe etwa 2 Minuten cremig schlagen.

4. Boden zweimal quer durchschneiden. Mittleren Boden mit Himbeeren belegen, dabei einen ca. 2 cm breiten Rand frei lassen. Etwa 6 EL Creme daraufgeben und bis zum Rand glattstreichen. Restliche Creme mit roter Speisefarbe rosa einfärben. Unteren Boden mit Brombeeren belegen, etwa 8 EL Creme daraufgeben, bis zum Rand glattstreichen. Beide Böden aufeinandersetzen, den oberen Boden auflegen und die Torte mit der restlichen Creme einstreichen.

5. Für die Ganache die Kuvertüre hacken. Sahne in einem Topf aufkochen, vom Herd nehmen und die Kuvertüre unterrühren. So lange rühren, bis sie geschmolzen ist. Ganache auf Zimmertemperatur abkühlen lassen, dann mittig auf die Torte gießen und durch Bewegen der Torte in „Nasen" etwas am Rand herunterlaufen lassen. Die Torte mindestens 2 Stunden kühlstellen. Mit den Beeren verzieren.

Naked Cake
mit Beeren

für 1 kleine Springform (Ø 20 cm)

Für den Teig:
250 g Butter · 250 g Zucker · 4 Eier · 125 ml Milch · 500 g Mehl · 1 Pck. Backpulver

Für die Füllung:
125 g Heidelbeeren · 125 g Himbeeren ·
400 g Sahne · 250 g Quark (20 % Fett i. Tr.) · 2 Pck. Vanillezucker ·
1 Pck. Sahnesteif · blaue und rote Speisefarbe

Außerdem:
Erdbeeren, Heidelbeeren und Himbeeren für die Dekoration ·
1 TL Puderzucker zum Bestäuben (nach Belieben)

So geht's

1. Den Ofen auf 180 °C Ober-/Unterhitze (160 °C Umluft) vorheizen.

2. Butter und Zucker cremig rühren, die Eier nacheinander unterrühren, dann die Milch. Mehl und Backpulver mischen und ebenfalls unterrühren. In einer mit Backpapier ausgelegten Springform verteilen und den Kuchen im heißen Ofen (Mitte) ca. 1 Stunde backen. Auskühlen lassen und aus der Form lösen.

3. Den Kuchen zweimal quer durchschneiden. Den unterem Boden auf eine Kuchenplatte legen und einen Tortenring darumlegen.

4. Für die Füllung die Beeren verlesen und waschen. Die Sahne steif schlagen, Quark mit Vanillezucker und Sahnesteif verrühren. Sahne unterheben.

5. Die Creme dritteln. Einen Teil mit blauer und roter Farbe passend zu den Heidelbeeren und jeweils einen Teil mit roter Farbe passend zu den Himbeeren und den Erdbeeren einfärben. Die bläuliche Creme auf dem Boden verstreichen, Heidelbeeren darauf verteilen. Zweiten Boden auflegen, leicht andrücken. Die Creme passend zu den Himbeeren darauf verstreichen und die Himbeeren darauf verteilen. Letzten Boden auflegen und leicht andrücken. Restliche Creme auf dem oberen Boden verstreichen. Die Beeren für die Dekoration waschen, putzen, nach Belieben kleinschneiden und auf der Creme verteilen. Die Torte mindestens 3 Stunden kalt stellen. Vor dem Servieren nach Belieben mit Puderzucker bestäuben.

ROSS' TIPP

Bei diesem Kuchen werde ich oft gefragt, wie man es schafft, dass die Beeren so schön glänzen. Der Geheimtipp: Pinselt sie mit Alkohol oder Sirup ein. Im Kühlschrank ist der Cake übrigens in einer wiederverschließbaren Box gut haltbar.

Mandelkrokant
auf Honigcreme

Zutaten
♥

für 1 Springform (Ø 26 cm)

Für den Teig:

100 g Butter, plus etwas mehr für die Form · 50 g Zucker · 1 Eigelb ·
150 g Mehl, plus etwas mehr zum Arbeiten · ½ TL Backpulver ·
abgeriebene Schale von 1 Bio-Zitrone

Für den Belag:

5 Äpfel · 120 g Zucker · 2 EL Aprikosenkonfitüre · 50 g Semmelbrösel ·
2 Eigelb · 2 Pck. Vanillepuddingpulver · 800 ml Milch

Für das Mandelkrokant:

90 g Zucker · 90 g Honig · 75 g Butter · 25 g Mehl · 100 g Mandelblättchen

So geht's

1. Für den Mürbeteigboden die Butter in kleinen Stücken mit Zucker, Eigelb, Mehl, Backpulver und Zitronenschale zu einem glatten Teig verkneten. Zur Kugel formen und in Folie gewickelt etwa 2 Stunden kalt stellen.

2. Für den Belag die Äpfel schälen, vierteln, das Kerngehäuse entfernen und die Äpfel in dünne Spalten schneiden. 500 ml Wasser und 3 EL Zucker in einem Topf aufkochen. Apfelspalten darin ca. 5 Minuten dünsten. Herausnehmen und abtropfen lassen.

3. Den Ofen auf 190 °C Ober-/Unterhitze (170 °C Umluft) vorheizen. Den Mürbeteig auf einer leicht bemehlten Fläche etwas größer als die Springform ausrollen. Die gefettete Form mit dem Teig auslegen, dabei einen Rand formen. Mit Konfitüre bestreichen und Semmelbrösel daraufstreuen. Mit den Apfelspalten belegen.

4. Die Eigelbe mit dem Puddingpulver und 150 ml Milch verrühren. Die restliche Milch mit dem Zucker aufkochen und unter Rühren die Eigelb-Milch zugeben. Unter Rühren aufkochen, bis die Creme bindet. Gleichmäßig über die Äpfel gießen und den Kuchen im heißen Ofen (Mitte) 30 Minuten backen. Nach ca. 15 Minuten Zucker, Honig, Butter, Mehl und Mandeln in einen Topf geben und 10 Minuten köcheln lassen. Krokantmasse gleichmäßig über den Kuchen geben. Weitere 35 Minuten fertigbacken.

Rumgetränkter
Weihnachtskuchen

Zutaten
♥

für 1 kleine Springform (Ø 20 cm)

2 Bio-Orangen · 175 g exotische, gesüßte Trockenfrüchte
(z. B. Papaya, Melone, Mango und Ananas) · 175 g getrocknete Datteln (ohne Stein) ·
100 g getrocknete Kirschen · 100 g getrocknete Cranberrys · 300 g Rosinen ·
200 g Sultaninen · 100 ml Rum · 200 g weiche Butter, plus etwas mehr für die Form ·
200 g dunkler Muscovadozucker · 4 Eier · 225 g Mehl · 1 TL Backpulver ·
2 TL Lebkuchengewürz · 100 g Paranusskerne

So geht's

1. Die Orangen heiß waschen, abtrocknen, die Schale abreiben und den Saft auspressen. Alle Trockenfrüchte, Orangenschale und -saft sowie den Rum in eine Schüssel geben und über Nacht einweichen lassen.

2. Den Ofen auf 170 °C (Ober-/Unterhitze) vorheizen. Die Springform fetten und mit Backpapier auslegen.

3. Butter und Zucker cremig schlagen, dann die Eier verquirlen und unterrühren. Mehl, Backpulver, Gewürz, Nüsse und eingelegte Früchte unterheben. In der Form verteilen, dann im heißen Ofen 30 Minuten backen. Die Temperatur auf 150 °C reduzieren und weitere 1 ½ – 2 Stunden backen, bis der Teig fest ist. Auskühlen lassen.

4. Den Kuchen einstechen und bis Weihnachten jede Woche mit 1–2 EL Rum beträufeln. In eine doppelte Lage Pergamentpapier und Folie einwickeln und an einem kühlen, dunklen Ort aufbewahren, bis er dekoriert werden kann.

Goldene
Weihnachtstorte

Zutaten
♥

für 1 Springform (Ø 26 cm)

Für die Torte:

400 g getrocknete Aprikosen · 125 g ungefärbte Cocktailkirschen ·
160 g Ingwer in Sirup (Abtropfgewicht; Glas) · 2 große Bio-Limetten · 400 g Sultaninen ·
250 g kandierte Orangen- und Zitronenschalen · 5 EL Zuckerrübensirup ·
1 ¼ TL Lebkuchengewürz · 1 ¼ TL gemahlener Zimt ·
1 ¼ TL gemahlener Ingwer · 130 ml Rum, plus 5 EL zum Beträufeln ·
325 g weiche Butter, plus etwas mehr für die Form · 200 g geschälte, ganze Mandeln ·
300 g Mehl · 3 TL Backpulver · 1 TL Salz · 160 g gemahlene Mandeln ·
325 g heller Muscovadozucker · 7 Eier

Zum Verzieren:

650 g Marzipan · 4 ½ EL Aprikosenkonfitüre, plus etwas mehr für das Cake Board ·
Dekoration nach Belieben (z. B. Zimtstangen, Blattgold etc.)

Außerdem:

Cake Board · Schnur · kleiner Pinsel

Auf den nächsten Seiten geht's weiter!

So geht's

1. Die Aprikosen würfeln, die Kirschen abspülen, trocken tupfen und halbieren, den Ingwer hacken. Die Limetten heiß waschen, abtrocknen, die Schale abreiben und den Saft auspressen. Aprikosen, Sultaninen, kandierte Schalen, Kirschen, Ingwer, Sirup, Limettenschale, Limettensaft und Gewürze in eine große Schüssel geben. Den Rum darübergeben, umrühren und mit Frischhaltefolie abdecken. Das Ganze über Nacht ziehen lassen.

2. Die Kuchenform fetten und mit Backpapier auslegen. Die Außenseite mit Packpapier umwickeln und mit einer Schnur befestigen (dadurch wird die Außenseite des Kuchens beim Backen geschützt). Den Ofen auf 150 °C (Ober-/Unterhitze) vorheizen. Die ganzen Mandeln auf ein Backblech geben und 10 Minuten im heißen Ofen rösten, herausnehmen und abkühlen lassen, dann hacken.

3. Mehl, Backpulver und Salz in eine große Schüssel sieben und mit den gemahlenen Mandeln vermengen.

4. In einer separaten Schüssel Butter und Zucker hell und schaumig schlagen, die Eier leicht verquirlen, dann langsam hinzufügen und einen Löffel der Mehlmischung unterheben. Mit einem großen Löffel das restliche Mehl unterheben, dann die Trockenfrüchte und die gerösteten Mandeln unterrühren. Die Mischung in die Form geben und glattstreichen. Im heißen Ofen (oben) für 2 ½ – 3 Stunden backen. Mit der Stäbchenprobe testen. Aus dem Ofen nehmen und in der Form abkühlen lassen.

5. Die Oberfläche des Kuchens einstechen und mit dem zusätzlichen Rum beträufeln. Den Kuchen in Backpapier und Folie einwickeln und an einem kühlen und trockenen Ort aufbewahren, bis er dekoriert wird. Der Kuchen ist ohne Dekoration 2–3 Monate haltbar.

6. Die Aprikosenkonfitüre erwärmen. Zum Dekorieren den Kuchen oben abschneiden, um eine glatte, ebene Oberfläche zu erhalten. Den Kuchen umdrehen und mit 1 EL Aprikosenkonfitüre auf dem Cake Board befestigen.

7. Das Marzipan ausrollen und einen großen Kreis (Ø 26 cm) ausschneiden. Die Aprikosenkonfitüre in einem kleinen Topf erwärmen und die Torte damit bestreichen. Das Marzipan darauflegen. Nach Belieben weihnachtlich dekorieren. Die Torte sofort servieren oder in einem luftdichten Behälter für einige Tage aufbewahren.

Weihnachtsstress gibt's mit meinem Christmas Cake nicht. Bereitet die Kuchenbestandteile schon zwei Monate vorher zu und friert alles separat ein. Dann backt ihr den Kuchen auf sehr niedriger Temperatur und etwas länger. So hat der Christmas Cake auch mehr Geschmack!

Dankeschön!

MEINE SCHNUCKIES

Ihr seid immer da für mich, geht mit mir durch dick und dünn. Eure Unterstützung ist einmalig auf dieser Welt, und ich kann nur immer wieder sagen, wieviel es mir bedeutet. Schön, dass ihr auch mit auf meine Back-Reise kommt, ich kann euch versprechen, es wird richtig bunt, süß, wundervoll!

PAUL

An meinen tollen Mann dafür, dass er seine Taille wachsen ließ, weil er jeden einzelnen Kuchen getestet hat, den ich in den letzten Jahren zu Hause gebacken habe! (Und Danke auch für alles andere, das ich nie ohne ihn hätte tun können.) Du bist mein Sechser im Lotto, ich liebe dich!

MOBS UND BOBS

Ihr seid wirklich „Die Kirsche auf der Sahne" meines Lebens. Jeder Tag wird durch euch besonders. Für eure unendliche Liebe und Zuneigung hat sich alles gelohnt. Ihr seid einfach vom Himmel geschickt worden.

DOREEN ENGLAND UND MARY PACEY

Danke an meine beiden Ladies Doreen England und Mary Pacey. Diese tollen Damen sind nicht nur sehr talentierte Bäckerinnen und Lehrerinnen, und ihre Rezepte köstlich und besonders – sie sind auch gute Freundinnen für meine Mama und mich. Vielen Dank für eure großartigen Beiträge zu diesem Buch, ich hoffe, es gefällt euch genauso gut wie mir eure Rezepte!

MEIN TEAM VOM PROMIBACKEN

Danke an meinen Coach Stefan Bollig! Danke für 140 Stunden Coaching, deine Geduld, dein Wissen und, dass du immer für mich da warst. Every Step of the way! Das ganze Team von Tower-Productions und Sat.1 – meine Back-Familie! Danke für diese unvergessliche Zeit und das Wecken meiner Backleidenschaft! Danke auch an die anderen Teilnehmer: Wir alle haben uns gegenseitig bei unseren Triumphen wie auch bei unseren Katastrophen unterstützt. Danke an Betty, Christian und Enie – ich hoffe, dieses Buch macht euch ein bisschen stolz auf euren Rossy.

ROMY

Mein „armes" Management setzt sich immer mit all meinen vielfältigen und unterschiedlichen Projekten auseinander, und das immer mit höchster Professionalität, Großzügigkeit und Talent! Danke Romy, dass du mich stets vor den schlechten Dingen beschützt, und mir geholfen hast, die guten Dinge zu schaffen!

KATHARINA VOM EMF-VERLAG

Dafür, dass du immer so begeistert von meinen Ideen bist, und mich inspiriert hast, weiterzumachen.

Danke an das ganze Team vom EMF-Verlag: Ich konnte es kaum erwarten, mit euch loszulegen! Danke für euer Vertrauen in diesen kleinen, verrückten Engländer!

MEINE SCHWESTER TRACEY & NICHTE ALICE

Dafür, dass ihr immer ehrlich zu mir wart – nicht jede meiner Backkreationen war euer Ding! Eure Tipps haben unglaublich geholfen. Danke Tracey, dass du immer für mich da warst und bist. An meine Nicht Alice: Ich hoffe, du bist stolz auf deinen „Onkel Rossy"!

DAD

Es gibt keinen Tag, an dem ich dich nicht vermisse. Du bist immer in meinem Herzen und ich werde dich nie vergessen.

MUM

An die greatest woman alive: meine Mama. Dafür, dass ich jede Schüssel und jeden Löffel ablecken durfte, und du mir die Liebe zum Backen geschenkt hast! Dafür, dass du dich jedes Mal um mich gekümmert hast, wenn ich zu viel genascht hatte... (oh, diese Bauchschmerzen!) und immer – absolut immer – an meiner Seite bist. Ich liebe dich, Mama!

MUFFY

An meine Oma, besser bekannt als Muffy. Sie war wirklich die Omi, die sich jedes Kind wünscht. Sie ließ mich das Kind sein, das ich sein wollte und gab mir so viel von ihrer Zeit, Erfahrung und Liebe. Muffy, du bist einfach die Beste – unsere Erinnerungen werde ich immer im Herzen tragen! Ich vermisse dich unendlich!

Register

Noch mehr Backspaß

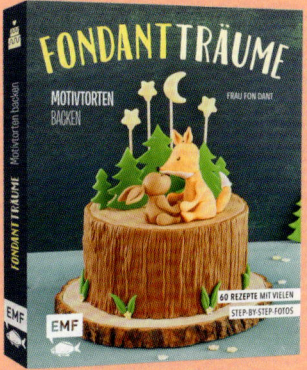

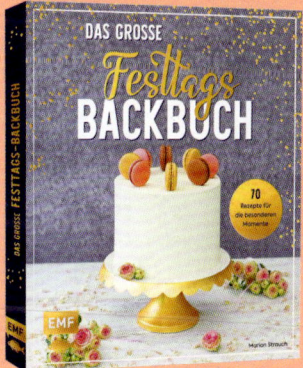

Impressum

Bibliografische Information der Deutschen Bibliothek.

Die Deutsche Bibliothek verzeichnet diese Publikation in der Deutschen Nationalbibliografie.

Detaillierte bibliografische Daten sind im Internet über http://www.dnb.de/ abrufbar.

Bei der Verwendung im Unterricht ist auf dieses Buch hinzuweisen.

Sofern nicht anders angegeben, werden in den Rezepten Weizenmehl Type 405 und Eier in Größe M verwendet.

EIN BUCH DER EDITION MICHAEL FISCHER

2. Auflage 2021

© 2021 Edition Michael Fischer GmbH, Donnersbergstr. 7, 86859 Igling

Rezeptfotografie: Emma Friedrichs, Herford

People-Fotografie Autor: Frank Peinemann, Köln

Familienfotografien: © privat

Illustrationen: © Susann Schroeter/Shutterstock

Covergestaltung, Layout & Satz: Alexandra Wolf

Redaktion: Eva Dotterweich, München

Lektorat: Eva Dotterweich, Katharina Steffelmaier

Projektmanagement: Katharina Steffelmaier

ISBN 978-3-7459-0618-9

Gedruckt bei Grafico GmbH, U Panského mlýna 1438/33, 747 06 Opava-Kyleŝovice, Tschechische Republik

www.emf-verlag.de